엑스포지멘터리 성경공부 시리즈

이사야(Ⅰ)

이사야 1–12장

엑스포지멘터리 성경공부 시리즈

이사야(I)

인도자용

이사야 1-12장

| 송병현 · 임우민 지음 |

차례

『이사야(Ⅰ)』 엑스포지멘터리 성경공부 오리엔테이션
(60분 소요)

* 한 주의 성경공부는 60분을 기준으로 구성되어 있으나 그룹의 요구와 형편에 따라 조절할 수 있습니다.

* 첫 번째 모임의 오리엔테이션은 다음과 같은 구성으로 모임을 갖도록 합니다.

1. 찬양과 기도(5분)

찬양하고(선택), 인도자의 짤막한 기도로 모임을 시작하십시오.

2. 자기 소개(10분)

1) **서로 잘 아는 사이의 그룹일 경우** : 한 명씩 돌아가면서 개성 있게 자기소개를 하도록 하십시오. 본인의 성격을 동물이나 꽃에 비유하여 소개하는 것도 자신의 특성을 잘 소개할 수 있는 방법입니다.
2) **서로 잘 모르는 사이의 그룹일 경우** : 두 명이 한 조를 이루어 '제일 잘하는 것 한 가지'를 서로 나눕니다. 3분 정도 후 돌아가며 서로의 짝을 소개하는 시간을 갖습니다. 쑥스러운 분위기를 부드럽게 만들기 위해 인도자가 먼저 자기 소개를 하여 어떻게 하는지 본을 보이는 것이 좋습니다.

3. 학생용 책 나누어 주기(5분)

인도자용 교재는 인도자가 효율적으로 인도하기 위한 것이기 때문에 나누어 주지 마십시오.

4. 엑스포지멘터리 성경공부에 대한 소개(2분)

엑스포지멘터리(EXPOSItory + commentary = Exposimentary, 해설주석)는 '해설, 설명'을 뜻하는 'expository'라는 단어와 '주석'을 뜻하는 'commentary'를 합성한 단어입니다. 본문의 뜻과 저자의 의도와는 연관성이 없는 주제와 묵상으로 치우치기 쉬운 expository의 한계와 필요 이상으로 논쟁적이고 기술적일 수 있는 commentary의 한계를 극복하여 가르치는 사역에 도움을 주기 위한 새로운 장르입니다. 성경공부의 가장 핵심적인 목적은 **올바른 성경해석과 적절한 말씀적용**입니다.

5. 이사야서 서론(20분)

* 학생용 교재를 사용하여 같이 나눕니다.
* 『**이사야(I)**』 시작 전 이사야서의 서론을 나눕니다. 이사야서는 총 세 권으로 교재를 구성하였으므로 처음 『**이사야(I)**』에서 좀 더 심도 있게 다루고 『**이사야(II)**』『**이사야(III)**』은 핵심만 나누도록 합니다.
* 내용을 미리 읽어 오도록 권유합니다.

1. 이사야서의 중심 메시지
    - 메시아
    - 예배와 영성
    - 수명과 희생
    - 하나님
    - 남은 자
    - 시온 사상

2. 이사야서 전체의 구조와 개요

    Ⅰ. 유다와 예루살렘에 선포된 심판과 구원(1:1-12:6)
    Ⅱ. 열방 심판(13:1-23:18)
    Ⅲ. 이사야의 종말 환상(24:1-27:13)
    Ⅳ. 아시리아 침략 전야(28:1-33:24)
    Ⅴ. 에돔과 시온(34:1-35:10)

Ⅵ. 이사야, 히스기야, 예루살렘(36:1–39:8)
Ⅶ. 귀향과 회복(40:1–31)
Ⅷ. 소송과 판결(41:1–48:22)
Ⅸ. 여호와의 종과 열방의 빛(49:1–53:12)
Ⅹ. 여호와께서 인정하신 종(54:1–62:12)
Ⅺ. 언약 백성(63:1–66:24)

6. 서류 작성(5분)

교재의 마지막 장에 있는 '비밀 유지 서약서'의 의도를 설명하며 서명하도록 합니다.

7. 기대와 포부(5분)

성경공부 모임을 통해 기대하는 것을 구성원의 2명 정도만 이야기하도록 합니다.

8. 숙제와 실천과제(5분)

다음 주의 말씀 돋보기 부분을 숙제해 오도록 하십시오.
실천과제로 **『이사야(Ⅰ)』** 전체를 읽을 수 있는 데까지 소리 내어 한번 읽어 오도록 하십시오.

9. 기도

다 함께 이 성경공부 모임을 위해 기도하십시오.
다음 모임의 약속과 장소를 다시 한번 공지하십시오.

* 두 번째 모임부터는 다음과 같이 시간 구성을 하도록 합니다.

10. 이 책의 구성 및 사용방법(5분)

1) **복습 – 예상소요시간 5분**

– 복습은 지난주에 배운 말씀 중 가장 핵심적인 부분을 이해하고 있

는지 확인하는 부분입니다.

- 지난주에 결단했던 **'생활의 아로마'**가 어떻게 진행되었고, 삶에 어떤 변화를 가져왔는지 간단히 나눕니다.

2) 말씀 돋보기(관찰) - 예상소요시간 20분

- '말씀 돋보기'는 숙제로 제시합니다.
- '말씀 돋보기'는 Tip을 제시하고 있으며, Tip을 자세히 읽으면 스스로 답을 얻을 수 있습니다. 그러나 되도록이면 성경에서 답을 찾고 기록한 후, 그 문제를 이해했는지 Tip을 통해 확인하도록 하십시오.
- 문제를 함께 풀어 보고 문제에 필요한 추가 설명을 곁들이며 어려움이 없었는지 확인합니다.

3) 삶의 내비게이션(적용) - 예상소요시간 25분

- '삶의 내비게이션'은 모임 시간에 함께 나누는 부분입니다.
- 인도자의 중요한 역할은 '삶의 내비게이션'에서 Tip을 사용하여 말씀 돋보기와 연결되는 삶을 나누고 방향을 함께 볼 수 있도록 안내하는 것입니다.
- '삶의 내비게이션'은 과거, 현재, 미래형으로 질문이 구성되어 있습니다.

4) 생활의 아로마(실천) - 예상소요시간 5분

- '생활의 아로마'는 구체적인 실천과제를 학생 스스로 적고 실천하는 부분입니다.
- '생활의 아로마'는 매주 모임에서 토론한 내용 중에서 각자의 상황과 결단에 맞추어 한 가지 정도의 구체적인 실천과제를 제시합니다. 모임을 시작하면서 실천과제에 대한 나눔을 합니다.
- 나눔의 깊이는 성령님의 인도하심, 인도자의 지혜, 그리고 그룹 구

성원간의 서로에 대한 신뢰 정도에 따라 차이를 보일 수 있습니다.

– 학생용 교재 마지막 장에 '『이사야(I)』 말씀과 삶의 변화 일지'를 사용하여 EM성경공부를 통해 삶이 어떻게 변화되고 어떤 결과로 나타났는지 볼 수 있게 하였습니다.

〈엑스포지멘터리 성경공부 시리즈 구성〉

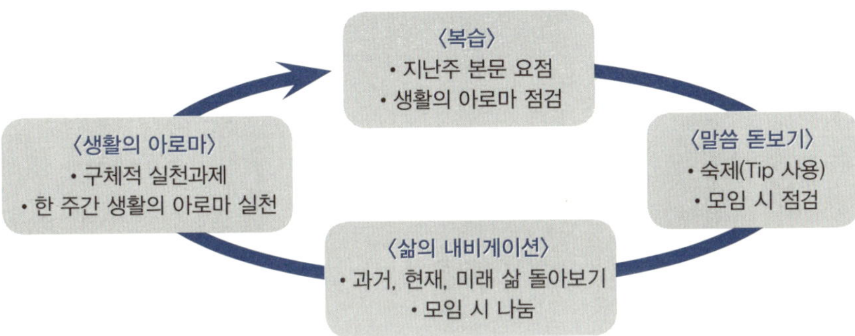

이사야 서론

1. 선지자

선지자의 히브리어 이름 '예사아후'는 '여호와는 구원이시다'라는 의미다. 이사야는 유다의 운명이 풍전등화와 같았던 주전 701년 아시리아 왕 산헤립의 유다 침략 때 매우 중요한 역할을 했던 선지자다. 이사야 선지자가 유다 정치에 깊이 관여했다는 것은 그가 나단처럼 왕궁을 자유자재로 드나들었다는 점에서 알 수 있다.

이사야는 예루살렘에서 태어나 자랐고 그곳에서 교육을 받은 것으로 추정된다. 이사야는 웃시야 왕이 죽은 해인 주전 740년에 선지자로서 소명을 받았다(참조. 6장). 그는 예루살렘에서 50년을 사역했으며, 이 기간에 북왕국 이스라엘이 아시리아의 손에 멸망하는 것을 목격했다. 또한 남왕국 유다도 산헤립에 의해 건국 이후 가장 큰 위기를 맞은 것을 지켜보았고, 곤경에 처한 히스기야를 하나님의 말씀으로 위로했다.

이사야 선지자는 결혼했고(참조. 8:3), 최소한 두 명의 아들을 두었다. 그의 아내도 '여 선지자'(우리말 성경에서는 '아내'로 해석됨)로 불렸다(8:3). 그녀가 선지자 활동을 해서였는지, 아니면 단지 남편이 선지자이기 때문에 주어진 명칭('사모'라는 의미로)이었는지 확실하지는 않다. 그러나 성경에서 선지자의 아내가 결혼 때문에 여 선지자라고 불리는 예가 없다는 것을 감안할 때 이사야의 아내도 선지자 사역을 했던 것으로 보인다.

2. 역사적 정황

이사야가 사역한 주전 8세기말 근동 지역에서는 아시리아가 제국을 형성하며 군림하고 있었다. 이사야는 웃시야 왕이 죽던 해에 사역을 시작했다(6:1). 유다는 웃시야 왕의 통치하에 획기적인 경제 부흥을 경험했다(참조. 대하 26:6–15). 웃시야 왕의 통치는 주전 792–740년 동안 지속되었는데, 이 기간 동안 유다는 안정적인 정치를 기반으로 모든 분야에서 눈부신 발전을 이룰 수 있었다. 유다가 이처럼 놀라운 성장을 이룬 것은 당시 근동의 슈퍼 파워였던 아시리아의 내부적 갈등이 일조했기 때문이다. 웃시야가 유다를 다스리는 동안 아시리아를 지배했던 살만에셀(783–773), 아술단(773–754), 아술니라리(754–746) 등은 매우 약한 리더십의 소유자들이었다. 게다가 기근, 반역 등이 끊이지 않으므로 아시리아는 국제무대로 눈을 돌릴 여력이 없었다. 이 같은 상황이 웃시야가 마음껏 활동할 수 있는 여건을 조성해 주었던 것이다.

이사야는 요담 왕(주전 750–732) 시대에도 사역했다. 요담은 물질적으로는 풍요로운, 그러나 도덕적으로나 종교적으로는 타락한 나라를 물려받았다. 요담은 이렇다 할 획기적인 종교개혁을 시도하지 않았고, 계속 악화되어가는 유다의 영성을 방관하기만 했다. 요담의 뒤를 이어 왕이 된 아하스(주전 735–716)는 종교적으로 매우 타락한 왕이었다. 이런 불신이 유다가 당면하고 있는 국제적 문제의 원인이 되었다. 아하스는 하나님의 약속보다는 자신의 정치적인 능력과 활동에 나라의 운명을 맡긴 사람이었다. 시리아와 이스라엘이 아하스를 몰아내고 그의 자리에 다른 인물을 세우려고 유다를 침략했을 때 아하스는 무척 두려워했다(7장).

선지자 이사야가 그를 찾아가 '두려워 말라'고 권면하지만, 그는 선지자와 그의 하나님을 무시하고 아시리아의 왕 디글랏에게 사신과 돈을 보내 도움을 청했다(대하 28:16). 히스기야(주전 716–687) 왕은 이사야서에서 마지막으로 모습을 드러내는 유다의 왕이다. 히스기야는 하나님을 경외하는 왕이었다. 정치적으로나 개인적으로 어려운 시대에 이사야를 찾으며 하나님의 뜻을 구한 믿음의 모범이 되는 왕이었다. 그는 대대적인 종교개혁을 추진했다(왕하 18:4, 22). 망해 버린 북왕국 백성을 예루살렘으로 초대하여 성대하게 지킨 유월절(대하 30장) 행사는 히스기야의 하나님을 향한 믿음을 드러내는 대표적인 사건이었다. 히스기야는 아시리아 왕 사르곤(주전 721-701)에게 조공을 바쳤다. 사르곤이 죽자 이집트의 '군사적 도움 약속'에 힘입어 블레셋과 합세하여 아시리아를 반역했다(왕하 18:7). 그래서 사르곤의 아들 산헤립이 주전 703-701년에 유다 땅을 침범했고 46개 도시를 점령했다.

3. 주요 신학적 메시지

메시아

선지자 이사야는 온 인류의 구원을 위하여 이 세상에 태어나실 구세주에 대하여 그 어느 선지자보다도 많은 계시를 받아 기록하고 있다.

첫째, 선지자는 메시아가 매우 연약한 사람의 모습으로 오실 것이라고 한다. 이사야 선지자는 메시아를 생각하며 '싹'과 '아이'라는 이미지를 자주 사용한다(4:2; 7:14; 9:6; 11:1; 53:2). 싹과 아이는 새로움을 의미하기도 하지만 연약함을 뜻하기도 한다.

둘째, 이사야는 메시아가 다윗의 후손으로 오실 것이라고 한다(11:1; 9:6). 메시아가 다윗의 후손으로 오시는 것은 이스라엘의 선조 야곱의 예언을 성취하는 일이며, 동시에 그가 왕족의 신분이라는 것을 암시하고 있다(9:6). 비록 비천하고 연약한 인간의 모습으로 오시지만, 이분은 이 세상 그 누구도 무시할 수 없는 위엄 있는 왕으로 오시는 것이다.

셋째, 메시아는 하나님이시다. 그의 이름인 '기묘자, 모사, 전능하신 하나님, 영존하시는 아버지, 평화의 왕' 등은 성경 안에서 유일하게 하나님에게만 적용될 수 있는 호칭들이다. 이러한 이름들이 메시아에게 적용되는 것은 비록 그분이 인간으로 오지만 하나님과 동일하신 매우 특별한 분이심을 암시하고 있다.

넷째, 메시아는 인간의 죄를 대속하기 위해 오신다. 메시아는 세상에 공의와 정의를 실현하기 위하여 오신다. 그러나 그가 이 일을 실현하기 전에 해야 할 일이 있다. 죄로 인하여 깨어져 버린 하나님과 인간의 관계를 회복하는 것이다. 그러므로 메시아가 받은 첫 임무는 하나님과 인간 사이의 간격을 좁혀 둘이 하나 되게 하는 것이다. 이사야 선지자는 메시아가 백성들의 죗값을 치르기 위하여 스스로 죽음을 맞이할 것이라고 한다(53:4-5). 이 일은 메시아가 자청한 일이기도 하지만(53:7-9), 또한 하나님의 계획이었다고 선지자는 선언한다(53:10).

예배와 영성

이사야는 '구약의 신학자'로 불릴 정도로 메시지가 정교하고 체계적이며 논리적이라고 평가된다. 그러나 그의 신학은 이론에서 멈추지 않았다. 그는 철저한 이론가이면서 동시에 현실의 문제에 매우 민감했던 실천가였다. 그는 우리의 믿음과 영성이 삶에서 열매로 나타나지 않으면 무용지물이라는 것을 그 누구보다도 잘 알고 강조했던 선지자였다. 그러므로 이사야가 이스라엘의 예배를 문제삼은 것은 예배가 백성의 경건하고 의로운 삶의 연장이 아니라 그들의 부도덕한 행위를 덮어 주고 액운이나 때워 주는 수단으로 이용되고 있었기 때문이다.

이스라엘은 사회적 집단이기 전에 종교적 목표와 의미를 지니고 형성된 공동체였다는 점을 감안할 때, 이 공동체에 속한 모든 사람들은 사회 운명에 필요한 원칙들과 질서에 대한 규례들을 철저히 준수해야만 했다. 한 백성으로서 함께 모여 여호와께 격식과 규례에 따라 제사를 드리는 것만큼 일상생활에서 한 공동체로서 서로를 공의와 공평으로 대하는 일도 중요했던 것이다. 그러나 이스라엘은 곧 서로에 대한 도덕적, 공동체적 책임을 등한시하거나 회피하기 시작했다. 반면에 예식과 제사에 관한 율법만을 중요시하는 풍조가 예배를 드리던 성소들을 중심으로 온 나라에 팽배했고, 마침내 예배와 제사가 율법의 모든 것으로 여겨지기 시작했다.

이사야는 공동체에 속해 있는 가난하고 불쌍한 자들에게 긍휼을 베풀지 않고 인색하며 배려도 하지 않으면서 오히려 세상에서 가장 연약한 자들에게서 착취한 것들을 여호와께 드릴 제물로 둔갑시켜 성전에 들여놓았던 자들에게 하나님의 거룩한 진노를 쏟아 부었다. 이사야는 의롭고 경건한 삶이 뒷받침하지 않는 예배는 믿음이나 영성이 아니라 위선이요 가증함이라고 선포하며 이런 이유로 위선적인 삶을 사는 자들에게 차라리 예배를 드리지 말라고 권면했던 것이다.
이사야가 이스라엘의 제사에서 제기했던 또 하나의 문제는 형식과 절차가 예배의 본질과 의도를 대체하고 있다는 것이다. 예배의 본 목적은 평소에 경건하게 살려고 노력하는 자들이 그렇게 살 수 없는 자신의 한계를 시인하여 상한 마음을 안고 나아와 용서와 치유를 경험하고, 이러한 은혜를 베푸시는 여호와 하나님의 임재를 체험하는 것이다.
그러나 세월이 지나면서 예배의 본 의도는 잊혀져갔고 어떤 제물이 언제, 어디서, 어떤 예식에 따라 드려지는가가 사람들의 관심사가 되었다. 물론 밖으로 드러나는 형식이 전혀 중요하지 않다고 말하는 것은 아니다. 그러나 외형적인 것들이 내면적인 것들을 대체하는 예배로는 더 이상 예배가 추구하고자 하는 효과를 거둘 수 없다. 이에 이사야는 분노했던 것이다.
선지자는 이처럼 외형적인 것에 치우치지 않고, 결코 그 무엇으로도 대체할 수 없는 것을 추구하는 예배를 갈망했다. 또한 경건한 삶의 연장선이라는 차원에서 일상 생활 가운데 끊임없이 공평과 의를 추구하는 삶으로 드리는 제물로 가득 찬 제사를 요구했다. 이사야 선지자의 예배관은 곧 그의 믿음의 표출이면서 우리에게 예배와 영성이 어떻게 조화로운 관계를 유지해야 하는가를 잘 보여 주고 있다.

소명과 희생

이사야는 자신의 소명과 선포한 메시지를 희생과 헌신으로 뒷받침하는 영적으로 매우 성숙한 모습을 보인다. 그는 하나님의 명령에 따라 이집트에 임할 운명을 경고하면서 3년 동안 벌거벗은 채, 혹은 속옷만 걸친 모습으로 거리를 활보했다(20장). 선지자의 벌거벗은 모습을 본 사람들 가운데 하나님을 믿지 않는 사람들은 이사야를 정신 이상자로 취급했을지도 모른다.
또 하나님은 이스라엘에게 임할 포로생활에 대하여 지속적으로 경고하기 위하여 이사야의 아들들에게 '스알야숩'(lit., 남은 자가 돌아올 것이다)과 '마할살랄하스바스'(lit., 노략이 속히 올 것이다)라는 이름을 주셨다. 아이들의 이름이 불릴 때마다 다가올 민족의 운명을 경고하는 것은 좋지만, 아이들의 이름이라고 하기에는 억양이 좋지 않고, 마음도 편하지가 않은 것이 사실이다. 아마도 아이들은 이름으로 인해 놀림을 당하거나 구설수에 오르는 일도 허다했을 것이다. 그러나 이 모든 것 중에서 이사야가 소명에 부합한 삶을 살기 위하여 감수해야 했던 가장 큰 희생은 아마도 세상적인 성공을 포기하는 일이었을 것이다.
하나님이 이사야 선지자에게 주신 소명은 확고하다. "사람들이 회개하고 돌아오는 것을 막고 훼방하라." 이 말씀은 우리뿐만 아니라 이사야 자신에게도 매우 충격적이었을 것이다. 더 나아가 이 말씀은 이사야에게 세상적인 관점에서의 성공을 포기하라는 요구를 내포하고 있다. 이사야가 선포한 설교는 사람들이 좋아할 메시지가 아니었기 때문에 결국 청중은 그의 곁을 떠났고, 심지어 그를 기피하기에 이르렀다. 실제로 이사야는 훗날 자신은 '실패한 사역자'라고 고백한다(49:4). 이사야는 하나님의 눈에 성공한 자가 되기 위하여 세상의 눈에는 실패한 자의 길을 선택했던 것이다.

하나님

이사야에게 가장 강한 인상을 남긴 하나님의 모습은 '이스라엘의 거룩하신 이'로서의 하나님이시다. 이사야의 소명 체험이 이 사상의 기초를 이루고 있다(6장). 구약에서 '거룩'이라는 단어가 세 번 반복되는 곳은 여기뿐이다. '이스라엘의 거룩하신 이'라는 표현은 이사야서에서 총 25회 사용되었다(1-30장[x12]; 40-55장[x11]; 56-66장[x2]). 그밖에 구약의 다른 부분에서는 단지 6회밖에 사용되지 않았다. 즉 이사야가 '특허를 낸' 표현인 것이다.
'거룩하다'의 기본적인 개념은 '구분하다, 분류하다'이다(참조. 레 11:44-45; 19:2; 20:7). "내가 거룩한 것같이 너희도 거룩하라." 거룩함은 이스라엘과 하나님의 언약관계에 근거하여 새롭게 형성된 이스라엘의 신분을 기초로 한 개념이다. 하나님은 이스라엘을 열방에서 구분하여 그의 백성으로 삼아 '거룩하게' 하셨던 것이다. 그러므로 이스라엘은 더 이상 열방처럼 살아서는 안 되며, 분리된 삶을 통하여 하나님께 선택받은 백성의 복된 신분을 드러내야 한다.

남은 자

하나님의 심판을 견디어 내고 살아남은 소수의 사람들이 남은 자들의 중심을 이룬다. 이들은 인류를 계승하거나 족속을 계승하게 된다. 여호와께서는 남은 자를 통해 하나님의 백성 중 '진짜와 가짜'를 가려내신다. 남은 자 사상은 하나님의 거룩하심을 강조한다. 이스라엘의 거룩하신 이가 죄인들을 심판하리라는 예언적 의미를 내포하고 있다. 심판이 오지 않는다면 남은 자가 있을 수가 없기 때문이다. 그러므로 남은 자 사상이 한편으로는 불투명한 주의 백성의 장래를 암시한다.

남은 자는 또한 하나님의 은혜를 강조한다(4:2–3; 11:1–16). 혹독한 심판 후에도 남은 자들은 돌아올 것이며 이들은 하나님께 의지할 것이다(10:20–23). 모든 것이 끝나 버렸다는 생각에 사로잡힐 수 있는 순간에 바로 새로운 역사가 시작될 것이라는 점을 강조하는 것이 '남은 자 사상'이다. 심판이 있은 후 남은 자들은 예루살렘을 신실하고 의로운 도시로 만들어 나갈 것이다(1:21–26). 그들은 땅에 뿌리를 내리며 풍성한 삶을 이룩할 것이다(37:30–32).

시온 사상

이사야서에서 시온 사상은 여러 곳에 보인다(참조. 28–32장). 이사야서의 시온 사상은 구약의 시온 사상과 다음과 같은 차이점을 보인다. 첫째, 열방을 심판하시는 하나님이 이스라엘을 심판하는 분으로 변할 수 있는 가능성을 포함한다(29:1–8). 이스라엘 사람들은 이 점을 인정하지 않았다. 그러므로 선지자는 확실한 믿음을 요구하고 있다(7:1–9). 시온 사상은 거룩한 전쟁과 연결된다. 하나님이 우리를 대신하여 싸워 주시는 행위인 거룩한 전쟁의 필수 조건은 우리의 흔들리지 않는 믿음이다. 둘째, 이사야서는 그의 청중들에게 신학적인 허세에 불과한 잘못된 시온 사상보다는 비밀스럽고 놀라운 하나님의 섭리와 계획을 믿으라는 것을 강조하고 있다(5:12, 19; 14:24–27; 28:21).

4. 구조와 개요

Ⅰ. 유다와 예루살렘에 선포된 심판과 구원(1:1-12:6)

1장 서론(1:1-31)

2장 위대하신 하나님과 교만한 백성(2:1-4:6)

3장 하나님의 기대와 실망(5:1-30)

4장 선지자의 소명(6:1-13)

5장 임마누엘 아이(7:1-9:7)

6장 심판(9:8-10:19)

7장 구원과 회복(10:20-12:6)

Ⅱ. 열방 심판(13:1-23:18)

1장 바빌론과 왕(13:1-14:27)

2장 블레셋(14:28-32)

3장 모압(15:1-16:14)

4장 시리아와 에티오피아(17:1-18:7)

5장 이집트(19:1-20:6)

6장 해변 광야(21:1-10)

7장 두마(21:11-12)

8장 아라비아(21:13-17)

9장 환상의 골짜기(22:1-25)

10장 두로(23:1-18)

Ⅲ. 이사야의 종말 환상(24:1-27:13)

1장 세상에서 진행되는 하나님의 추수(24:1-13)

2장 세상 사람들 중 남은 자들의 노래(24:14-16a)

3장 악한 세상이 파괴됨(24:16b-20)

4장 기다리는 세상(24:21-23)

5장 파괴된 도시의 노래(25:1-5)

6장 시온 산(25:6-12)

7장 강건한 도시의 노래(26:1-27:1)
8장 백성들 중 남은 자들의 노래(27:2-6)
9장 백성 중에서 진행되는 하나님의 추수(27:7-13)

Ⅳ. 아시리아 침략 전야(28:1-33:24)
1장 이스라엘과 유다 비유(28:1-29)
2장 예루살렘의 위기(29:1-14)
3장 인간과 하나님의 계획(29:15-24)
4장 어리석은 동맹과 심판(30:1-33)
5장 예루살렘 보호(31:1-9)
6장 약속과 경고(32:1-20)
7장 소망(33:1-24)

Ⅴ. 에돔과 시온(34:1-35:10)
1장 에돔에 대한 경고(34:1-17)
2장 영화로운 시온(35:1-10)

Ⅵ. 이사야, 히스기야, 예루살렘(36:1-39:8)
1장 산헤립의 위협과 여호와의 응답(36:1-37:38)
2장 히스기야의 병(38:1-22)
3장 바빌론 사절단(39:1-8)

Ⅶ. 귀향과 회복(40:1-31)
1장 하나님의 큰길(40:1-11)
2장 회복 보장(40:12-31)

Ⅷ. 소송과 판결(41:1-48:22)
1장 유일하신 하나님(41:1-29)
2장 종의 소명(42:1-9)
3장 여호와의 구원(42:10-17)

4장 구원받은 어리석은 백성(42:10-17)
5장 출애굽 재현(43:1-28)
6장 창조주(44:1-23)
7장 고레스와 열방(44:24-48:22)

Ⅸ. 여호와의 종과 열방의 빛(49:1-53:12)
1장 종과 시온(49:1-26)
2장 훈련받은 종(50:1-11)
3장 종의 마지막 노래(51:1-52:12)
4장 종의 순종과 희생(52:13-53:12)

Ⅹ. 여호와께서 인정하신 종(54:1-62:12)
1장 종이 이룬 결과(54:1-17)
2장 은혜로운 반전(55:1-17)
3장 거룩한 연합(56:1-8)
4장 백성의 무능함이 치료됨(56:9-57:21)
5장 의로운 파수꾼의 선언(58:1-59:21)
6장 시온의 영화(60:1-62:12)

Ⅺ. 언약 백성(63:1-66:24)
1장 여호와의 승리(63:1-6)
2장 회고와 미래에 대한 기도(63:7-64:12)
3장 최후 심판과 비전(65:1-66:24)

제1주 실망한 부모

이사야 1:1–9

학습목표

유다의 배반으로 아파하는 하나님의 마음을 알 수 있다.

KEYWORD **배은망덕, 부모 심정, 실망**

Ⅰ. 찬양과 기도

Ⅱ. 복습문제 풀이

 **복습**

1 이사야가 사역한 시기의 역사적 상황은 어떠했는가?

이사야가 사역한 주전 8세기말 근동지역에서는 아시리아가 제국을 형성하며 군림하고 있었다. 이사야는 유다 왕 웃시야와 요담, 아하스, 히스기야 시대에 사역했다.

Ⅲ. 말씀 이사야 1:1–9을 다 함께 읽는다

1:1 유다 왕 웃시야와 요담과 아하스와 히스기야 시대에 아모스의 아들 이사야가 유다
와 예루살렘에 관하여 본 계시라

2 하늘이여 들으라

땅이여 귀를 기울이라
여호와께서 말씀하시기를
내가 자식을 양육하였거늘
그들이 나를 거역하였도다
3 소는 그 임자를 알고
나귀는 그 주인의 구유를 알건마는
이스라엘은 알지 못하고
나의 백성은 깨닫지 못하는도다 하셨도다
4 슬프다 범죄한 나라요
허물 진 백성이요
행악의 종자요
행위가 부패한 자식이로다
그들이 여호와를 버리며
이스라엘의 거룩하신 이를 만홀히 여겨
멀리하고 물러갔도다
5 너희가 어찌하여 매를 더 맞으려고
패역을 거듭하느냐
온 머리는 병들었고
온 마음은 피곤하였으며
6 발바닥에서 머리까지 성한 곳이 없이
상한 것과 터진 것과
새로 맞은 흔적뿐이거늘
그것을 짜며 싸매며
기름으로 부드럽게 함을 받지 못하였도다
7 너희의 땅은 황폐하였고
너희의 성읍들은 불에 탔고
너희의 토지는 너희 목전에서 이방인에게 삼켜졌으며
이방인에게 파괴됨같이 황폐하였고
8 딸 시온은 포도원의 망대같이,
참외밭의 원두막같이,

에워 싸인 성읍같이 겨우 남았도다
9 만군의 여호와께서 우리를 위하여
생존자를 조금 남겨 두지 아니하셨더면
우리가 소돔 같고 고모라 같았으리로다

Ⅳ. 관찰문제의 바른 답

말씀 돋보기(관찰)

1 이사야는 하나님께 받은 계시를 어느 시대, 누구에게 선포했는가?(1:1)

시대: 웃시야, 요담, 히스기야 시대(주전 740-687)

누구: 예루살렘과 유다

선지자들은 대부분 책을 시작하자마자 먼저 자신의 사역 시대를 알려 주는데, 이사야도 예외는 아니다(참조. 렘 1:1-3; 겔 1:1-2; 단 1:1-2; 호 1:1). 선지자들이 자신들이 살았던 시대를 독자들에게 밝히는 것은 자신들이 선포하는 메시지와 예언을 문맥과 역사를 무시한 채 해석하지 말고 그들이 살았던 시대를 배경으로 해석하라는 점을 강조하기 위해서다. 이사야는 지금부터 자신이 이 책을 통해 선포할 메시지를 웃시야, 요담, 히스기야 왕 등이 다스리던 시대에 본 환상들이라고 한다. 웃시야는 주전 792-740에, 요담은 주전 750-732에, 아하스는 주전 735-716에, 히스기야는 주전 716-687에 유다를 통치한 왕들이다.

만일 이사야가 웃시야 왕이 죽던 해(주전 740)에 사역을 시작했다면(참조. 6장), 그는 아마도 50년 동안 사역했을 것이다. 또한 이사야가 받은 계시는 예루살렘과 유다에 관한 것이다. 그러므로 선지자가 1장에서 여호와께 받았다고 하는 환상의 범위는 상대적으로 좁은 것이라고 할 수 있다. 하지만 책이 전개되면서 선지자가 하나님께 받은 환상의 범위는 점차로 넓어지고 나중에는 온 우주를 포함하게 된다.

2 이사야 1장은 오늘날로 말하면 법정 소송 형태를 취하고 있다. 이 형식은 선지서에서 가장 많이 활용되는 기법이다. 1장에서 증인은 누구이며, 고소의 내용은 무엇인가?(1:2-3)

증인: 하늘과 땅

고소 내용: 여호와를 배반했다.

하나님이 피고인석에 앉아 있는 유다를 상대로 소송을 시작하기 위하여 하늘과 땅을 증인들/배심원들로 채택하신다(2절). 하늘과 땅이 배심원으로 부름받는 것은 그들이 이스라엘의 하나님에 대한 반역을 처음부터 지켜 보아왔기 때문이다. 고소의 내용은 이스라엘이 여호와를 거역했다는 것이다. 유다가 여호와의 언약을 파괴한 것이다. 여호와께서는 아비가 사랑과 정성으로 아들을 양육하듯 주의 백성 유다를 양육했다. 그러나 자녀 유다는 고마워하기는커녕 오히려 아버지 하나님을 거역했으며 등까지 돌렸다. 선지자는 주의 백성을 비난하기를 사람보다 훨씬 못한 짐승들도 주인을 알아보는데, 정작 주인이신 하나님을 알지 못한다고 한다. 또한 말 못하는 짐승들도 주인을 배반하지 않는데, 유다는 여호와를 배반했으니 주의 백성이라고 자부하는 유다는 짐승만도 못하다고 탄식한다. 그래서 이스라엘이 재판에 회부된 이유는 많은 복을 주었는데도 받은 축복을 남용하고, 그 은혜를 깨닫지 못하여 배은망덕한 행동을 하고 있기 때문이다.

3 '슬프다'는 탄식을 통해서 알 수 있는 하나님의 마음은 무엇인가?(1:4)

하나님의 안타까움과 슬픔

이사야는 '슬프다'라는 탄식으로 이 섹션을 시작한다. 여기에 나타나는 하나님의 마음은 백성들에게 배반당하고 진노로 가득한 것이 아니라, 오히려 슬픔과 실망으로 차 있다. 많은 사람들이 죄인을 바라보시는 하나님은 분노와 증오로 가득하다고 생각한다. 그러나 이사야 선지자가 제시하는 하나님의 모습은 자녀의 죄 때문에 상처받고 신음하며 눈물짓는 부모의 모습이다. 그러므로 섹션을 시작하는 '슬프다'는 애가(장송곡)의 대표적인 표현이며, 하나님의 안타까움과 슬픔, 그리고 심지어 눈물을 전제한다.

4 하나님의 언약을 파괴한 이스라엘은 무슨 죄를 저질렀는가?(1:4)

첫째, 여호와를 버렸다.

둘째, 이스라엘의 거룩한 분을 업신여겼다.

셋째, [하나님께] 등을 돌렸다.

시내 산에서 여호와와 언약을 맺고 그의 백성이 된 이스라엘은 하나님이 세우신 제사장의 나라요, 거룩한 백성이며, 옥토에 심은 종자이며, 하나님의 아들임에도 불구하고 그들은 안타깝게도 그들의 신분을 잊고 죄로 인하여 여호와를 버리고, 이스라엘의 거룩하신 분을 업신여기며, 하나님께 등을 돌렸다.

〈이스라엘의 범죄 성향 4가지(1:4)〉

4절	의미	죄의 성향
범죄 하는 나라	하루를 죄로 시작하여 죄로 끝내는 쉬지 않고 범죄 하는 나라	죄의 지속성
허물 진 백성	날이 갈수록 죄의 무게를 더해 감	죄의 가중성
행악한 종자	죄의 씨앗을 주변에 퍼뜨리는 사람들	죄의 전염성
행위가 부패한 종자	마치 죄를 짓기 위하여 태어난 자들처럼 행동	죄의 내성

5 하나님이 이스라엘에게 내리신 징계는 무엇이며, 그 결과 어떻게 되었는가?(1:6-9)

징계: 온갖 상처와 질병

결과: 자기 몸도 추스리지 못하는 병자(폐인)가 되었다.

하나님은 주의 백성을 죄의 길에서 돌아오기를 얼마나 바라며 지속적으로 그들을 징계하셨는지 이스라엘의 몸에 성한 곳이 없다. 발끝에서 머리끝까지 온통 상처투성이다(6a절). 그 결과 폐인이 되었다. 선지자는 외국군의 침략으로 황폐해진 나라가 바로 병든 사람으로 묘사된 유다의 실체라고 한다(7–8절). 병든 사람 이미지는 단순히 비유가 아니라 유다가 경험하고 있는 역사적 사실을 의인화한 것이다. 유다의 영토는 황폐해졌고, 성읍들은 불탔으며, 그들의 밭에서 난 것은 침략자들이 그들이 지켜보는 앞에서 먹고 약탈해 갔다(7절). 침략자들이 얼마나 강했는지, 유다의 모든 영토가 그들의 손에 넘어가고 유일하게 남은 것은 시온(예루살렘)뿐이다(8a절). 이스라엘의 대다수가 죄를 짓고 있지만, 그중 몇 명은 하나님의 은혜를 시인한다(9절). 선지자를 포함한 믿음의 사람들은 그나마 유다에 생존자가 있어 나라가 명목이라도 유지할 수 있게 된 것은 전적으로 하나님의 능력에 비롯된 은혜임을 고백한다.

V. 적용과 나눔

삶의 내비게이션(적용)

1 '슬프다'를 통해 안타까워하고 슬퍼하시는 하나님의 마음을 알 수 있다. 혼내고 때리는 마음이 증오가 아니라 사랑이었다. 예전에는 이해하지 못했지만 지금 당신이 부모님의 마음을 이해하는 것은 무엇이 있는가?

관찰문제 3번 참고. 이스라엘을 심판하시는 하나님의 마음은 분노와 증오의 마음이 아니라 안타까움과 실망으로 가득 찬 마음이었다. 믿었던 백성에게 배신당한 하나님의 아픈 마음을 '슬프다'는 단어로 잘 표현하고 있다. 이와 같이 부모님도 믿었던 자녀에게 느끼는 배신감, 실망, 안타까움으로 자녀를 체벌하는 경우가 있다. 체벌까지는 아니더라도 우리가 듣기 싫어하는 수많은 잔소리도 모두 자녀가 잘되기를 바라는 부모의 마음일 것이다. 이스라엘에게 배반당해 아픈 하나님의 마음을 느끼면서 각자 부모의 마음을 이해하도록 한다. 그 당시에는 이해할 수 없었던 부모님의 행동이나 말이 이제는 이해가 되는 것에 무엇이 있는지 이야기를 나누어 보도록 하자. 너무 아픈 과거의 상처를 나누도록 하는 것이 목적은 아니다. 유년시절의 작은 거짓말이나, 하지 말라는 일을 했다가 혼난 경험 그리고 그 경험을 통해 부모님의 마음을 지금은 어떻게 이해하고 있는지 나누어 보도록 하자. 부모님의 마음을 통해 하나님의 마음을 이해할 수 있도록 한다.

2 당신이 과거에는 예민하게 반응했던 것이 이제는 무덤덤해지거나 당연시되는 것은 무엇인가?

관찰문제 4번 참고. 이스라엘은 하나님이 내려 주신 복을 남용하여 선민이 아니라 천민으로 전락한 모습을 볼 수 있다. 그것은 이스라엘이 죄에 대해서 하루를 죄로 시작하여 죄로 끝내는, '쉬지 않고 범죄하는 나라'로 표현하고 있다. 또한 이스라엘은 날이 갈수록 죄의 무게를 더해 가고 있으며, 죄의 씨앗을 주변에 퍼뜨리고, 마치 죄를 짓기 위하여 태어난 자들처럼 행동하고 있다. 우리도 과거에는 예민하게 반응하고, 큰일날 것같이 생각했는데 이제는 조금 더 무디게 행동하는 것들에 대해 이야기를 나누어 보도록 한다.

예)

- 횡단보도로 안 건너면 큰일날 줄 알았는데 이제는 무단횡단을 한다.
- 초보운전일 때는 신호를 철저하게 지켰는데 이제는 대충 눈치를 보면서 신호를 어긴다.
- 주일날 교회에 출석하지 않으면 큰일날 줄 알았는데 이제는 다른 모임 때문에 가끔 빠진다.
- 딱 한번만 하고 시작한 커닝을 이제는 습관처럼 한다.
- "나만 잘못한 것이 아니라 괜찮아" 그러면서 별것 아닌 것처럼 이야기하는 전염성.

이스라엘의 범죄 성향 네 가지를 근거로 이야기를 나누어 보자. 죄의 지속성, 죄의 가중성, 죄의 전염성, 죄의 내성을 근거로 각자가 가진 죄의 성향은 어디에 속하는지 나누어 보도록 한다.

3 당신이 만일 하나님 앞에 선다면 어떤 판결을 받겠는가? 당신의 증인은 누구인가?

관찰문제 2번 참고. 하나님은 유다의 배반을 밝히기 위해 소송을 제기하신다.

유다가 피고인석에 앉아 있으며, 고소 내용은 이스라엘이 여호와를 거역했다는 것이다. 하나님은 증인으로 하늘과 땅을 내세운다. 만일 각자가 하나님 앞에 선다면 어떤 판결을 받을 수 있는가에 대해 이야기를 나누어 보도록 한다. 본인의 입장과 하나님의 입장에서 생각해 보도록 한다. 본인은 하나님을 배반한 기억이 없다고 할 수 있지만 하나님의 입장은 다를 수 있기 때문이다. 마치 유다처럼. 또한 증인으로는 누구를 세울 것인지에 대해서도 말해 보도록 한다. 증인으로 꼭 나왔으면 하는 사람과 이 사람은 나오지 않았으면 좋겠다는 사람을 구분해서 이야기하고 그 이유에 대해서도 서로 말해 보도록 한다.

Ⅵ. 마무리

기도로 마무리한다.
제2주 관찰문제를 예습해 오도록 한다.
실천과제를 제시한다.

생활의 아로마(실천)

예 1) 하나님의 마음을 아프게 한 것을 찾고 고치도록 한다.
2) 훗날 하나님의 심판에서 형량 대신 상급을 받을 것을 찾고, 일회성이 아닌 지속성으로 실천하도록 한다.

제2주 종교가 우상이 될 때

이사야 1:10-31

학습목표

하나님이 거부하시는 것과 기뻐하시는 것에 대해 알 수 있다.

KEYWORD **예배, 헌금, 기도, 집착**

Ⅰ. 찬양과 기도

Ⅱ. 지난주 실천과제 나눔

Ⅲ. 복습문제 풀이

복습

1 '슬프다'는 탄식을 통해서 알 수 있는 하나님의 마음은 무엇인가?(1:4)

하나님의 안타까움과 슬픔

Ⅳ. 말씀 이사야 1:10-31을 다 함께 읽는다

1:10 너희 소돔의 관원들아 여호와의 말씀을 들을지어다
너희 고모라의 백성아 우리 하나님의 법에 귀를 기울일지어다
11 여호와께서 말씀하시되

너희의 무수한 제물이 내게 무엇이 유익하뇨
나는 숫양의 번제와 살진 짐승의 기름에 배불렀고
나는 수송아지나 어린 양이나 숫염소의 피를 기뻐하지 아니하노라
12 너희가 내 앞에 보이러 오니 이것을 누가 너희에게 요구하였느냐
내 마당만 밟을 뿐이니라
13 헛된 제물을 다시 가져오지 말라 분향은 내가 가증히 여기는 바요
월삭과 안식일과 대회로 모이는 것도 그러하니
성회와 아울러 악을 행하는 것을 내가 견디지 못하겠노라
14 내 마음이 너희의 월삭과 정한 절기를 싫어하나니
그것이 내게 무거운 짐이라 내가 지기에 곤비하였느니라
15 너희가 손을 펼 때에 내가 내 눈을 너희에게서 가리고
너희가 많이 기도할지라도 내가 듣지 아니하리니
이는 너희의 손에 피가 가득함이라
16 너희는 스스로 씻으며 스스로 깨끗하게 하여
내 목전에서 너희 악한 행실을 버리며 행악을 그치고
17 선행을 배우며 정의를 구하며 학대받는 자를 도와주며
고아를 위하여 신원하며 과부를 위하여 변호하라 하셨느니라
18 여호와께서 말씀하시되 오라 우리가 서로 변론하자
너희의 죄가 주홍 같을지라도 눈과 같이 희어질 것이요
진홍같이 붉을지라도 양털같이 희게 되리라
19 너희가 즐겨 순종하면 땅의 아름다운 소산을 먹을 것이요
20 너희가 거절하여 배반하면 칼에 삼켜지리라
여호와의 입의 말씀이니라
21 신실하던 성읍이 어찌하여 창기가 되었는고
정의가 거기에 충만하였고
공의가 그 가운데에 거하였더니 이제는 살인자들뿐이로다
22 네 은은 찌꺼기가 되었고 네 포도주에는 물이 섞였도다
23 네 고관들은 패역하여 도둑과 짝하며
다 뇌물을 사랑하며 예물을 구하며
고아를 위하여 신원하지 아니하며 과부의 송사를 수리하지 아니하는도다

[24] 그러므로 주 만군의 여호와 이스라엘의 전능자가 말씀하시되
슬프다
내가 장차 내 대적에게 보응하여
내 마음을 편하게 하겠고 내 원수에게 보복하리라
[25] 내가 또 내 손을 네게 돌려
네 찌꺼기를 잿물로 씻듯이 녹여 청결하게 하며
네 혼잡물을 다 제하여 버리고
[26] 내가 네 재판관들을 처음과 같이, 네 모사들을 본래와 같이 회복할 것이라
그리한 후에야 네가 의의 성읍이라, 신실한 고을이라 불리리라 하셨나니
[27] 시온은 정의로 구속함을 받고
그 돌아온 자들은 공의로 구속함을 받으리라
[28] 그러나 패역한 자와 죄인은 함께 패망하고
여호와를 버린 자도 멸망할 것이라
[29] 너희가 기뻐하던 상수리나무로 말미암아
너희가 부끄러움을 당할 것이요
너희가 택한 동산으로 말미암아 수치를 당할 것이며
[30] 너희는 잎사귀 마른 상수리나무 같을 것이요
물 없는 동산 같으리니
[31] 강한 자는 삼오라기 같고
그의 행위는 불티같아서 함께 탈 것이나 끌 사람이 없으리라

V. 관찰문제의 바른 답

말씀 돋보기(관찰)

1 이스라엘의 종교적 남용을 지적하면서 하나님이 거부하시는 것 세 가지는 무엇이며, 거부하시는 이유는 무엇인가?(1:11-15)

a) 제물 b) 예배 c) 기도

이유: 도덕적인 삶이 이들의 신앙을 뒷받침해 주지 못하고 있다.

Tip

하나님이 거부하시는 것들 중 첫 번째는 백성들이 하나님께 드리는 갖가지 제물이다. 선지자는 11-13절에서 제물을 여덟 차례나 언급하고 있다. 오늘날 교회 상황에 비하자면 성도들이 드리는 다양한 종류의 헌금이다. 이스라엘 사람들은 예물은 넉넉하게 드리고 있었지만, 도덕적인 삶이 그 예물을 뒷받침하지 못하기 때문에 하나님은 이 모든 헌금을 거부하시는 것이다.

두 번째 거부하시는 종교 형태는 온갖 예배 모임이다. 선지자는 11-14절에서 갖가지 예배와 종교적 모임을 일곱 차례나 언급하며 하나님이 이스라엘의 예배를 기쁘게 받으시길 거부하신다고 한다. 예배를 통해서 말씀을 삶에서 실천하려고 노력하지 않으면서 계속 예배만 드리는 것은 위선이다. 의를 추구하지 않는 삶을 사는 사람은 결코 하나님이 기뻐하시는 예배를 드릴 수 없다.

하나님께 거부당한 세 번째 종교적 행위는 기도다. 기도는 종교적인 삶의 가장 순수한 실천이다. 그러나 하나님은 불의한 피가 묻은 손이 드리는 기도를 듣지 않으신다(15c절). 이웃의 눈에서 피눈물이 나게 하는 사람의 기도를 하나님이 들으실 리 없다. 하나님은 백성의 모든 종교 활동을 역겹게 생각하시고 거부하신다. 그 이유가 명확하게 제시되어 있다. '너희의 손에는 피가 가득하다'(15c절). 도덕적인 삶이 이들의 신앙생활을 뒷받침해 주지 못하고 있다는 것이다.

2 하나님이 기뻐하시는 종교행위는 무엇인가?(1:16-17)

a) 16절(과거) 네 가지

스스로 씻어라　　　　스스로 깨끗하게 하라

내 목적에서 악한 행실을 버리라　　　　행악을 그치라

b) 17절(지금부터) 다섯 가지

선행을 배우라　　　　정의를 구하라

학대받는 자를 도와주라　　　　고아를 위하여 신원하라

과부를 위하여 변호하라

하나님이 기뻐하시는 종교행위는 이런 것이라고 선포한다.

구절	명령	시제	의미
16절	스스로 씻어라	과거	지금까지의 삶을 반성하고 정리하라!
	스스로 깨끗하게 하라	과거	
	내 목적에서 악한 행실을 버리라	과거	
	행악을 그치라	과거	
17절	선행을 배우라	미래	앞으로는 선을 행하며 공평과 정의를 추구하고 약자를 돌보아라!
	정의를 구하라	미래	
	학대받는 자를 도와주라	미래	
	고아를 위하여 신원하라	미래	
	과부를 위하여 변호하라	미래	
결론	• 진정한 회개=지난날의 잘못을 반성하고 주님께 용서를 비는 것 + 앞으로 어떻게 살겠다는 의지와 결단을 동반하는 것		

3 하나님의 초청에 응할 때 주어지는 두 가지 약속은 무엇이며, 불순종에 대한 경고는 무엇인가?(1:18-20)

약속: a) 죄 사함

b) 땅의 가장 좋은 소산을 먹을 것이다

경고: 전쟁

하나님의 간곡한 초청에 응하는 자에게는 두 가지 약속이 주어지는데 첫째, 죄 사함이다(18b절). 선지자는 하나님의 초청에 임하는 사람의 죄가 '주홍' 같고 '진홍' 같을지라도 하나님이 그들의 죄를 모두 용서하시고 눈처럼 희게 하실 것이며, 양털같이 희게 하실 것이라고 한다(18절).

둘째, 하나님께 돌아오면 그들은 땅의 가장 좋은 소산을 먹게 될 것이다(19절). 포로 생활이 임박한 상황에서 '땅의 소산물을 먹는 것'이 회개하는 자들에게 약속된다는 것은 이스라엘이 회개하고 하나님께 돌아온다면 그들은 끌려가지 않고, 이 땅에서 영원히 살 수 있는 기회가 여전히 있다는 것을 암시한다.

그러나 하나님의 권면에 불응하는 자들은 '칼날이 그들을 삼킬 것'이라고 한다(20절). 전쟁이 올 것을 경고하고 있는 것이다.

4 윤리적으로 부패한 이스라엘에게 하나님의 심판이 시작되자 일어나는 세 가지 변화는 무엇인가?(1:25-27)

a) 정결해진다.

b) 불순물을 제거한다.

c) 시온이 정의로 구속함을 받는다

첫째, 하나님이 손을 들어 자기 백성을 치시면 하나님께 맞은 백성이 죽는 것이 아니라 오히려 정결해진다. 그동안 주의 백성들의 삶을 오염시켰던 '불순물'이 제거되는 것이다.

둘째, 하나님의 심판에서 불순물을 제거하는 단계가 끝나면 주의 백성을 인도하는 리더십이 옛날처럼 경건하고 지혜롭게 된다(26절). 하나님은 부패한 리더들을 내치시고 옛날처럼 훌륭한 리더들을 주실 것을 약속하신다. 주께서 새롭게 세우는 리더들은 하나님을 경외하고 지혜로운 사람들이 될 것이다.

셋째, 시온이 정의로 구속함을 받게 된다(27절). 불순물이 제거되고 경건한 지도자들이 지배하는 사회가 된 시온과 주민들을 하나님이 구원하신다. 시온이 창녀가 되어 내팽개쳐졌는데(21a절), 하나님이 이제 정결해진 도성과 주민들을 다시 구원하신다.

야고보 사도는 성도들에게 환난과 징계가 그들의 삶에 임하거든 그것은 축복이니 기쁘게 받으라고 했다(약 1:2; 12). 하나님의 백성에게 임한 환난과 징계는 시간이 지나면 회복되기 때문이다. 하나님은 결코 징계를 위한 징계를 하시는 분이 아니며, 우리를 더 온전히 세우기 위하여 징계하시는 분이기 때문이다.

5 우상 숭배자들의 미래는 무엇인가?(1:30, 31)

불에 탈 것이다

하나님은 우상 숭배자들이 즐거워하는 상수리나무를 시들게 하실 것이며, 그들이 기뻐하는 정원을 메마르게 하실 것이다(30절). 성냥개비 하나만 있으면 걷잡을 수 없이 타오를 정도로 모든 것이 바짝 마른 상황이다. 하나님이 '바짝 말린' 우상들에게 심판의 불을 지펴 모두 태우신다(31절). 우상 숭배자들은 우상에 붙은 불을 끄기는커녕 자신들도 함께 불에 타 죽는다. 이들은 자신의 삶에 생명을 더하기 위하여 우상을 숭배했는데 오히려 우상들 때문에 죽게 되었다. 강한 자도 '삼오라기같이 탈 것'이라고 하신다. 그 누구도 자신을 구할 수 없을 것이라는 경고다.

Ⅵ. 적용과 나눔

삶의 내비게이션(적용)

1 하나님이 거부하시는 세 가지를 통해서 당신이 과거에 종교적으로 남용한 것은 무엇이 있었는가?

관찰문제 1번 참고. 하나님이 거부하시는 세 가지는 제물, 예배, 기도다. 하나님이 받기를 좋아하시는 것으로 알고 있는 이 세 가지를 하나님이 거부하는 이유는 그들이 제물을 드리는 것은 즐겨했지만 그들의 삶이 뒷받침되지 못했기 때문이다. 또한 삶 속에서 말씀의 실천이 없이 계속 예배만 드리는 것은 위선이고, 하나님이 거부하시는 행위다. 또한 불의한 피가 묻은 손으로 드리는 기도는 하나님이 듣지 않으신다.

이웃의 눈에서 피눈물 나게 하면서 드리는 기도를 하나님이 들으실 리가 없다. 하나님께 신앙인이라면 당연히 해야 하는 제물과 예배와 기도를 하나님이 받지 않으신다면 그 행위 자체가 무의미하다. 단지 드리는 자의 만족을 위한 것일 뿐이다. 각자가 자신의 과거의 제물(헌금), 예배, 기도 생활에 대해 돌아보는 시간을 갖도록 한다. 남용한 것은 어떤 부분인가 이야기를 나누어 보도록 한다. 하나님이 기뻐하시는 신앙생활을 위해 실천해야 하는 부분에 대해서도 이야기를 나누어 보도록 한다.

2 하나님이 기뻐하시는 종교행위 중에서 당신이 현재 가장 잘 실천하고 있는 것과 더 분발해야하는 것은 무엇인가?

관찰문제 2번 참고. 이사야는 하나님이 기뻐하시는 종교행위를 과거와 미래로 나누어서 설명하고 있다.

- 과거: 스스로 씻어라, 스스로 깨끗하게 하라, 내 목전에서 악한 행실을 버리라, 행악을 그치라. 이것은 과거의 죄를 정리하고 경건을 회복하는 것을 의미한다.
- 미래: 선행을 배우라, 정의를 구하라, 학대받는 자를 도와주라, 고아를 위하여 변호하라, 과부를 위하여 변호하라. 이것은 지금부터 베풂과 나눔의 삶을 실천하라는 의미다.

과거와 미래로 나누어서 이야기를 나누고, 지금 잘 실천하고 있는 것, 더 분발해야 하는 것에 대해 말해 보도록 한다.

3 당신의 신앙생활에서 본의 아니게 하나님보다 더 의지하는 것이 있다면 무엇인가?

관찰문제 2번, 5번 참고. 본의 아니게 하나님보다 더 의지하는 것은 다름 아닌 우상이다. 우상숭배는 의지와 관심이 소유와 집착의 모습으로 나타난다. 돈은 더 많이 소유하고 싶어지고, 친구에 대해서는 집착의 모습으로 나타난다. 자녀에게 집착하거나 배우자에게 집착하는 경우도 있다. 각자의 생활에서 포기하기 어려운 소유욕과 집착의 성향이 있다면 그것이 바로 우상이다. 각자 하나님보다 더 의지하는 것은 무엇이 있는지 이야기를 나누어 보도록 하자. 그리고 그것을 극복하는 방법, 소유와 집착을 절제하는 방법에 대해서도 말해 보도록 하자. 성경은 나눔과 베풂의 실천에 대해 구체적인 방법을 제시하고 있다.

Ⅶ. 마무리

기도로 마무리한다.
제3주 관찰문제를 예습해 오도록 한다.
실천과제를 제시한다.

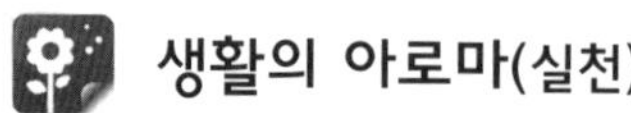

생활의 아로마(실천)

예 1) 내가 정리해야 하는 죄는 무엇이 있는지 구체적으로 한 가지를 정하고 멈추도록 한다.

2) 한 주간 집착했던 것이 있다면 나눔과 베풂으로 변화를 주도록 한다.

제3주 온전한 의지

이사야 2:1–22

학습목표

여호와의 날은 하나님을 온전히 의지하는 자들에게 기쁨의 날로 주어진다는 사실을 알 수 있다.

KEYWORD **의지, 여호와의 날, 우상**

Ⅰ. 찬양과 기도

Ⅱ. 지난주 실천과제 나눔

Ⅲ. 복습문제 풀이

복습

1 이사야가 이스라엘의 종교적 남용을 지적한 내용 중에서 하나님이 거부하시는 것 세 가지는 무엇이며, 거부하시는 이유는 무엇인가?(1:11–15)

a) 제물

b) 예배

c) 기도

이유: 도덕적인 삶이 이들의 신앙을 뒷받침해 주지 못하고 있다.

Ⅳ. 말씀 이사야 2:1-22을 다 함께 읽는다

2:1 아모스의 아들 이사야가 받은바 유다와 예루살렘에 관한 말씀이라
2 말일에 여호와의 전의 산이 모든 산꼭대기에 굳게 설 것이요
모든 작은 산 위에 뛰어나리니 만방이 그리로 모여들 것이라
3 많은 백성이 가며 이르기를
오라 우리가 여호와의 산에 오르며
야곱의 하나님의 전에 이르자
그가 그의 길을 우리에게 가르치실 것이라
우리가 그 길로 행하리라 하리니
이는 율법이 시온에서부터 나올 것이요
여호와의 말씀이 예루살렘에서부터 나올 것임이니라
4 그가 열방 사이에 판단하시며 많은 백성을 판결하시리니
무리가 그들의 칼을 쳐서 보습을 만들고 그들의 창을 쳐서 낫을 만들 것이며
이 나라와 저 나라가 다시는 칼을 들고 서로 치지 아니하며
다시는 전쟁을 연습하지 아니하리라
5 야곱 족속아 오라 우리가 여호와의 빛에 행하자
6 주께서 주의 백성 야곱 족속을 버리셨음은 그들에게 동방 풍속이 가득하며
그들이 블레셋 사람들같이 점을 치며 이방인과 더불어 손을 잡아 언약하였음이라
7 그 땅에는 은금이 가득하고 보화가 무한하며
그 땅에는 마필이 가득하고 병거가 무수하며
8 그 땅에는 우상도 가득하므로 그들이 자기 손으로 짓고
자기 손가락으로 만든 것을 경배하여
9 천한 자도 절하며 귀한 자도 굴복하오니
그들을 용서하지 마옵소서
10 너희는 바위 틈에 들어가며 진토에 숨어
여호와의 위엄과 그 광대하심의 영광을 피하라
11 그날에 눈이 높은 자가 낮아지며
교만한 자가 굴복되고 여호와께서 홀로 높임을 받으시리라
12 대저 만군의 여호와의 날이

모든 교만한 자와 거만한 자와 자고한 자에게 임하리니
그들이 낮아지리라
13 또 레바논의 높고 높은 모든 백향목과
바산의 모든 상수리나무와
14 모든 높은 산과 모든 솟아 오른 작은 언덕과
15 모든 높은 망대와 모든 견고한 성벽과
16 다시스의 모든 배와 모든 아름다운 조각물에 임하리니
17 그날에 자고한 자는 굴복되며 교만한 자는 낮아지고
여호와께서 홀로 높임을 받으실 것이요
18 우상들은 온전히 없어질 것이며
19 사람들이 암혈과 토굴로 들어가서
여호와께서 땅을 진동시키려고 일어나실 때에
그의 위엄과 그 광대하심의 영광을 피할 것이라
20 사람이 자기를 위하여 경배하려고 만들었던
은 우상과 금 우상을 그날에 두더지와 박쥐에게 던지고
21 암혈과 험악한 바위 틈에 들어가서
여호와께서 땅을 진동시키려고 일어나실 때에
그의 위엄과 그 광대하심의 영광을 피하리라
22 너희는 인생을 의지하지 말라
그의 호흡은 코에 있나니 셈할 가치가 어디 있느냐

V. 관찰문제의 바른 답

말씀 돋보기(관찰)

1 말일/세상 끝날에 시온에는 어떤 일이 일어나는가?(2:2)

모든 열방이 시온 산으로 모여들고 있다.

모든 열방이 여호와께 가르침을 받기 위하여 시온 산으로 모여들고 있다

(2절). 열방은 이스라엘 사람들처럼 그들의 길을 따라 여호와의 성전이 있는 곳으로 순례를 가고 있다. 한때는 이스라엘에게만 제한되었던 예배(하나님을 여호와로 예배하는) 특권이 이제 온 열방에게 주어지고 있다. 선지자는 누구든지 하나님을 경외하면 옛날 이스라엘 백성이 누리던 특권을 누릴 수 있게 될 시대를 예고한다. 열방이 시온으로 몰려온다는 것은 여호와께서 통치하실 백성이 결코 이스라엘에만 제한되지 않았음을 의미한다.

2 하나님의 말씀이 통치하는 세상은 어떤 효과를 발휘하는가?(2:4)

전쟁무기인 칼과 창을 쳐서 농기구를 만든다.

시온에서 훈련받은 열방은 가는 곳마다 만나는 사람들에게 하나님의 말씀과 율법을 가르친다(4절). 하나님은 이들이 선포한 말씀을 통해 민족들 사이에서 일어나는 어려운 문제들을 판결하신다. 그의 판결을 받은 모든 민족은 하나님의 심판에 매우 만족해 하며 스스로 전쟁 무기인 칼/창을 쳐서 농기구인 보습(농부들이 포도나무 등 가지치기가 필요한 과실들의 가지를 치는데 사용하는 칼)을 만든다(4절). 열방의 가르침은 하나님의 말씀이 온 세상에 충만하게 하며, 세상을 가득 채운 하나님의 말씀은 여호와가 세상을 통치하는 효과를 발휘한다. 진정한 평화는 UN과 NGO 같은 기구가 아닌 하나님의 말씀으로 가능해진다.

3 하나님이 야곱 족속을 버린 이유는 무엇인가?(2:6–9)

하나님을 거역하고 부정한 것들로 가득 채웠기 때문이다.

이스라엘/야곱 족속이 하나님이 경건한 것들로 채우라며 주신 땅에 부정한 것들로 가득 채웠기 때문이다. 부정한 것들은 6절부터 나열되다가 8절에서 절정을 이른다. 동방풍속, 술객, 이방인들의 영향, 은, 금, 보화(재산), 마필(안전, 보장), 우상(영성) 등 이스라엘의 부정함의 절정은 바로 우상이다. 율법은 이스라엘에게 부정한 것들을 의지하거나 가까이 해서는 안 된다고 경고했다. 이것들은 그들을 하나님께로부터 멀어지게 하기 때문이다. 그러므로 하나님의 관점에서 볼 때 이 땅에 '가득한 것'은 가증한 것일 수밖에 없다. 하나님의 임재와 율법으로 가득해야 할 땅이 하나님을 제외한 모든 것으로 가득한 것이다.

4 여호와의 날이 임할 때 선지자가 권면하는 것은 무엇인가?(2:10, 19, 21)

숨으라

하나님의 임재가 얼마나 두려운지 선지자는 계속 피하라고 권면한다(10, 19, 21절). 그가 오실 때 마치 온 우주를 녹이는 것처럼 높이 솟아 있는 모든 것(인간의 교만도 포함)이 녹아내려 낮아진다.
서 있는 모든 것이 무너져 내리는 모습이다. 하나님의 높고 위대하심은 상대적인 것이 아니라 완전하고 절대적이다. 성경은 하나님이 심판하시기 위하여 이 땅에 임하는 날이 얼마나 두려운지 그저 작은 틈이라도 있으면 숨는 것이 최선이라며 세 차례나 권면한다.

5 여호와의 날은 어떻게 대비해야 하는가?(2:22)

사람을 의지하지 말아야 한다.

성경은 여호와의 날을 대비하라고 결론을 내리면서 '우상을 믿지 말라'가 아니라 '사람을 의지하지 말라'(22절)고 권면하고 있다. 지금까지 이사야는 우상숭배의 어리석음을 중심으로 여호와의 날에 대하여 메시지를 선포했다(10-21절). 이 상황에서 선지자는 사람을 의지하지 말라고 경고한다. 선지자는 우상숭배의 근본적인 문제를 지적하고 있기 때문이다. 우상은 실제로 존재하는 신이 아니며 사람들의 손에 의해 만들어진 조형물에 불과하다는 것이 선지자의 가르침이다(40:19-20). 본문은 우상을 만든 것은 사람이라고 한다(20절). 선지자들은 우상이 사람을 타락시키는 것이 아니라 타락한 인간이 우상을 만들어 낸다는 사실을 잘 알고 있다. 그러므로 우상을 의지하는 것은 곧 인간의 손이 만들어낸 것을 의지하는 것이며, 사람의 손이 만들어 낸 것을 의지하는 것은 곧 사람을 의지하는 것이라는 논리에서 인생을 의지하지 말라고 권면하고 있다.

삶의 내비게이션(적용)

1 당신이 과거에 가장 의지했던 사람은 누구였는가? 무엇 때문에 의지했는가?

관찰문제 3번, 5번 참고. 선지자는 여호와의 날을 대비하면서 사람을 의지하지 말라고 권면한다. 선지자는 우상이 사람을 타락시키는 것이 아니라 타락한 인간이 우상을 만들어 낸다는 사실을 말하고 있는 것이다. 우리도 하나님을 의지한다고 하지만 사람인지라 부모님을 의지하거나, 배우자, 친구, 자녀를 의지할 수 있다. 각자가 과거에 의지했던 사람에 대해 이야기를 나누어 보도록 한다. 갑자기 일을 만나면 가장 먼저 떠오르는 사람은 누구인지 말해보면 가장 의지하는 사람을 쉽게 찾을 수 있다. 무엇 때문에 의지하는지에 대해서도 이야기를 나누어 보도록 한다.

2 하나님이 싫어하시는 은, 금, 보화, 마필, 우상 중에 현재 의지하거나 갈망하는 것이 있다면 무엇인가?

관찰문제 3번 참고. 하나님이 싫어하시는 은, 금, 보화는 재산이고, 마필은 안전에 대한 보장, 우상은 영성에 대한 부분이다. 하나님보다 물질을 더 좋아하고, 하나님께 안전에 대한 보장을 받는 것이 아니라 세상의 것에 의지하는 것이다. 예를 들면 각종 보험(너무 많이 가입할 경우) 등이 있다. 영성의 부분에도 하나님보다 더 의지하는 존재가 있다. 예를 들면 예언(찾아다니면서 구하는 경우)에 대해 하나님은 싫어하신다. 각자 현재 어떤 부분을 의지하거나 갈망하는지 이유에 대해서도 나누어 보자.

3 여호와의 날은 경건한 이들에게는 구원의 날이지만, 경건하지 못한 이들에게는 심판의 날이다. 그날을 당신은 어떻게 맞이할 것인가?

관찰문제 1번, 4번 참고. 이스라엘은 여호와의 날을 기쁨과 구원의 즐거운 날이라고 알고 있지만, 선지자는 경건하지 못한 이들에게는 혹독한 심판의 날이 될 것이라고 경고한다. 각자가 그날을 어떻게 맞이할 것인가에 대해 나누어 보자.

만일 내일이 여호와의 날이라면 당신은 어느 편에 속하는가에 대해서도 말해 보도록 하자. 진정한 그날을 구원의 날로 맞이하기 위해 각자가 필요한 것은 무엇이 있는지 말하도록 한다. 인도자는 여호와의 날을 기다리며 오직 하나님만을 의지했는지 점검하는 시간을 갖도록 돕는다.

Ⅶ. 마무리

기도로 마무리한다.
제4주 관찰문제를 예습해 오도록 한다.
실천과제를 제시한다.

생활의 아로마(실천)

예 1) 의지하거나 갈망하는 것을 찾고, 이것이 하나님에 대한 믿음과 어떤 관계가 있는가 점검한다.

2) 당신의 삶에서 열심히 추구하는 것이 하나님의 심판 날에 남아 있을 수 있는가를 점검한다.

제4주 심판의 시작

이사야 3:1-26

학습목표

하나님의 심판은 리더십의 부재로부터 시작된다는 사실을 알 수 있다.

KEYWORD **리더십, 부재, 심판**

Ⅰ. 찬양과 기도

Ⅱ. 지난주 실천과제 나눔

Ⅲ. 복습문제 풀이

복습

1 하나님의 말씀이 통치하는 세상은 어떤 효과를 발휘하는가?(2:4)

전쟁무기인 칼과 창을 쳐서 농기구를 만든다.

Ⅳ. 말씀 이사야 3:1-26을 다 함께 읽는다

3:1 보라 주 만군의 여호와께서
예루살렘과 유다가 의뢰하며 의지하는 것을 제하여 버리시되
곧 그가 의지하는 모든 양식과 그가 의지하는 모든 물과

[2] 용사와 전사와 재판관과 선지자와 복술자와 장로와
[3] 오십부장과 귀인과 모사와 정교한 장인과 능란한 요술자를 그리하실 것이며
[4] 그가 또 소년들을 그들의 고관으로 삼으시며
아이들이 그들을 다스리게 하시리니
[5] 백성이 서로 학대하며 각기 이웃을 잔해하며
아이가 노인에게, 비천한 자가 존귀한 자에게 교만할 것이며
[6] 혹시 사람이 자기 아버지 집에서 자기의 형제를 붙잡고 말하기를
네게는 겉옷이 있으니 너는 우리의 통치자가 되어
이 폐허를 네 손아래에 두라 할 것이면
[7] 그날에 그가 소리를 높여 이르기를 나는 고치는 자가 되지 아니하겠노라
내 집에는 양식도 없고 의복도 없으니 너희는 나를 백성의 통치자로 삼지 말라 하리라
[8] 예루살렘이 멸망하였고 유다가 엎드러졌음은
그들의 언어와 행위가 여호와를 거역하여 그의 영광의 눈을 범하였음이라
[9] 그들의 안색이 불리하게 증거하며
그들의 죄를 말해 주고 숨기지 못함이 소돔과 같으니
그들의 영혼에 화가 있을진저 그들이 재앙을 자취하였도다
[10] 너희는 의인에게 복이 있으리라 말하라
그들은 그들의 행위의 열매를 먹을 것임이요
[11] 악인에게는 화가 있으리니
이는 그의 손으로 행한 대로 그가 보응을 받을 것임이니라
[12] 내 백성을 학대하는 자는 아이요
다스리는 자는 여자들이라
내 백성이여 네 인도자들이 너를 유혹하여 네가 다닐 길을 어지럽히느니라
[13] 여호와께서 변론하러 일어나시며 백성들을 심판하려고 서시도다
[14] 여호와께서 자기 백성의 장로들과 고관들을 심문하러 오시리니
포도원을 삼킨 자는 너희이며 가난한 자에게서 탈취한 물건이 너희의 집에 있도다
[15] 어찌하여 너희가 내 백성을 짓밟으며 가난한 자의 얼굴에 맷돌질하느냐
주 만군의 여호와 내가 말하였느니라 하시도다
[16] 여호와께서 또 말씀하시되
시온의 딸들이 교만하여 늘인 목, 정을 통하는 눈으로 다니며 아기작거려 걸으며

발로는 쟁쟁한 소리를 낸다 하시도다
[17] 그러므로 주께서 시온의 딸들의 정수리에 딱지가 생기게 하시며
여호와께서 그들의 하체가 드러나게 하시리라
[18] 주께서 그날에 그들이 장식한 발목 고리와 머리의 망사와 반달 장식과 [19] 귀고리와
팔목 고리와 얼굴 가리개와 [20] 화관과 발목 사슬과 띠와 향합과 호신부와 [21] 반지와 코
고리와 [22] 예복과 겉옷과 목도리와 손 주머니와 [23] 손거울과 세마포 옷과 머리 수건과
너울을 제하시리니
[24] 그때에 썩은 냄새가 향기를 대신하고
노끈이 띠를 대신하고 대머리가 숱한 머리털을 대신하고
굵은 베옷이 화려한 옷을 대신하고 수치스러운 흔적이 아름다움을 대신할 것이며
[25] 너희의 장정은 칼에, 너희의 용사는 전란에 망할 것이며
[26] 그 성문은 슬퍼하며 곡할 것이요 시온은 황폐하여 땅에 앉으리라

V. 관찰문제의 바른 답

말씀 돋보기(관찰)

1 인생이 의지하는 것을 제거하시는 하나님의 심판 순서는 무엇인가?(3:1–3)

a) 의식주

b) 리더십

Tip 선지자는 2:22에서 '인생을 의지하지 말라'고 권면했다. 이제 이스라엘에 임하는 하나님의 심판은 '인생이 의지하는 것들'을 제거함으로써 시작된다(1절). 하나님의 심판 과정은 먼저 의식주와 노련한 리더십이 사라지면서 리더십 공백이 생긴다(1–3절).

2 지도력을 상실하는 사회 각층 지도자들을 어떻게 나누고 있는가?(3:2–3)

a) 군사적 리더십
b) 정치적 리더십
c) 종교적 리더십
d) 경제적 리더십

지도자	사용된 단어	의미
군사적 리더십	용사, 전사, 오십부장	하나님이 유다의 군사력을 완전히 무능하게 만드실 것을 경고
정치적 리더십	재판관, 장로, 귀족, 모사	이스라엘을 무정부 상태의 혼란으로 엄습
종교적 리더십	선지자, 복술자, 능란한 요술자	종교적 리더십 전체가 하나님의 심판을 받아 사라질 때가 임할 것을 경고
경제적 리더십	정교한 장인	사회가 돌이킬 수 없는 곤경에 빠질 것을 의미

이사야는 구체적으로 사회 각층을 지도하는 네 종류의 지도력 상실에 대하여 언급한다.

선지자가 경고하는 총체적인 지도력 상실은 아시리아(주전 701)가 예루살렘을 침략하고, 바빌론(주전 586)이 성을 함락시켰을 때 상당 부분 성취되었다(참조. 왕하 24:14)

3 유다가 멸망하게 된 이유는 무엇인가?(3:8-9)

a) 그들의 언어가 하나님의 뜻을 거역하고 있다.
b) 그들의 삶이 하나님을 거역했다
c) 그들은 하나님의 명예를 훼손했다.

유다가 멸망하게 된 구체적인 이유는 첫째, 그들의 언어가 하나님의 뜻을 거역하고 거슬렀다(8b절). 마치 술에 취한 사람이 아무 말이나 책임없이 내뱉는 것처럼 하나님의 백성들이 하나님께 거침없이 망언을 쏟아냈던 것이다. 둘째, 그들의 삶이 하나님을 거역했다(8b절). 이스라엘은 거룩하게 살기 위하여 택함을 받은 백성이었다. 그러나 그들은 결코 이러한 소명에 적절한 삶을 살지 못했던 것이다. 셋째, 그들은 하나님의 명

예를 훼손했다(8c절). 그들은 말과 행실을 통하여 여호와 하나님의 얼굴에 먹칠을 한 결과를 초래했던 것이다.

4 이사야는 유다의 지도자를 어떻게 비난하고 있는가?(3:14–15)

하나님의 권력을 남용하여 남을 착취하는 일을 하고 있다.

하나님께서 이스라엘 지도자들의 권력남용을 비난하고 있다. 신정통치를 지향하던 이스라엘에서 리더들의 권세는 이스라엘의 왕이신 하나님이 그들에게 잠시 위임하신 것이다. 하나님은 권력을 남용하여 남을 착취하는 일은 주님의 백성을 '짓밟는 것'이라고 한다(15절; 참조. 53:5, 10). 이 이미지는 사람의 머리가 땅보다 낮아질 때까지 밟는 것이다. 그러므로 이 단어는 가장 심한 학대를 뜻한다. 착취는 또한 가난한 자의 얼굴을 '맷돌질 하는' 행위다(15절; 참조. 민 11:8). 얼굴을 맷돌에 갈듯이 간다는 것은 부자들과 권력가들이 경제적인 이익을 위하여 가난한 사람들이 지닌 인간의 존엄성까지 파괴하고 있음을 뜻한다. 하나님의 권력 위임은 책임이지 특권이 아니다.

5 예루살렘 상류층(지도층) 여인들이 심판을 받으면서 일어나는 변화는 무엇인가?(3:18–24)

변화 전: 사치스러운 장신구(발목 고리, 머리의 망사, 반달 장식, 귀고리와 팔찌 등)
변화 후: 수치스러운 흔적(썩은 냄새, 대머리, 굵은 베옷, 수치스러운 흔적)

선지자는 당시 상류층 여인들이 치장하기 위하여 사용했던 온갖 장신구들을 나열하는데(18–23절), 하나님이 이 여인들에게서 모든 장신구를 벗기신 다음 그들이 착용하게 될 '다른 치장들'을 주신다(3:24).

예루살렘 여인들의 장신구는 당시 상상을 초월하는 사치품들이다. 발목 고리, 머리의 망사, 반달 장식, 귀고리와 팔목 고리, 얼굴 가리개와 화관, 발목 사슬과 띠, 향합과 호신부, 반지와 코 고리, 예복과 겉옷, 목도리와 손 주머니, 손거울과 세마포 옷, 머리 수건과 너울 등이다. 오늘날로 하면 유명 디자이너의 옷, 목걸이, 팔찌, 명품 백 등 값비싼 것들이다. 하나님께서 이것들을 벗기시고, 썩은 냄새, 노끈, 대머리, 굵은 베옷, 수치스러운 흔적 등으로 바꾸신다. 이것은 모두 포로생활과 연관되어 해석될 수 있어서 오늘의 귀족들이 머지않아 포로가 되어 끌려갈 것을 암시한다.

Ⅵ. 적용과 나눔

삶의 내비게이션(적용)

1 당신이 경험한 잘못된 리더십이나 리더십의 부재는 무엇이 있었는가?

관찰문제 1번, 2번 참고. 하나님이 노련한 리더십을 제거하자 리더십의 공백이 생긴다. 군사적 리더십, 정치적 리더십, 종교적 리더십과 경제적인 리더십이 사라진다. 이 경고는 아시리아가 예루살렘을 침략하고, 바빌론이 이 성을 함락시켰을 때 상당 부분 성취되었다(참조. 왕하 24:14). 각자가 경험한 리더십의 부재에 대해 이야기를 나누어 보도록 한다.

예) 부모의 부재, 교회 리더의 부재, 직장 리더의 부재, 학교 리더의 부재 등 리더십의 부재가 생겼을 때 각자의 마음이 어떠했는지에 대해서도 나누어 본다.

2 예루살렘 여인들의 사치 품목을 보면서 당신이 스스로 조절해야 하는 것은 무엇인가?

관찰문제 5번 참고. 예루살렘 여인들의 사치 품목은 상상을 초월한다. 발목 고리, 머리의 망사, 반달 장식, 귀고리와 팔목 고리, 얼굴 가리개와 화관, 발목 사슬과 띠, 향합과 호신부, 반지와 코 고리, 예복과 겉옷, 목도리와 손 주머니, 손 거울과 세마포 옷, 머리 수건과 너울 등이다. 오늘날의 명품 가방, 유명 디자이너의 옷, 각종 귀금속 등에 해당한다. 남자들도 예외는 아니다. 시계, 장난감, 고가의 취미 등 예루살렘 여인들의 사치 품목 중에서 좋아하는 품목을 각자 이야기해 보자. 또한 조절(절제)해야 하는 부분에 대해서도 나눠 보도록 한다.

3 네 종류의 지도자 그룹 중에 당신과 교회에서 가장 비슷한 리더십 유

형은 무엇인지 찾고, 당신이 노력해야 하는 부분은 무엇인가?

관찰문제 2번 참고. 네 종류의 지도자는 군사적 리더십, 정치적 리더십, 종교적 리더십과 경제적인 리더십이다. 이 지도자들이 비난을 받는 것은 하나님이 잠시 위임하신 권한을 자신들의 권력으로 알고 남용하고 있기 때문이다. 하나님의 권력을 남용하여 남을 착취하는 일을 하고 주님의 백성을 짓밟는 일을 한다. 네 종류의 지도자 중에 당신과 가장 비슷한 리더십 유형을 찾아보도록 한다. 또한 교회에서 비슷한 리더십 유형은 무엇인가도 살펴보도록 한다. 당신이 갖고 있는 리더십이 비난받지 않기 위해서 노력해야 하는 부분에 대해서도 이야기를 나누어 보도록 한다. 예) 우유부단한 리더십, 카리스마 리더십 등.

Ⅶ. 마무리

기도로 마무리한다.
제5주 관찰문제를 예습해 오도록 한다.
실천과제를 제시한다.

생활의 아로마(실천)

예 1) 한 주간 자신이 소유한 사치 품목을 기록하고 절제하도록 한다.
2) 리더십의 종류 중 비난한 부분에서 자기 자신을 비추어 보고, 수정할 부분을 기록하고 고치도록 노력한다.

제5주 재현된 출애굽

이사야 4:1–6

학습목표

그날이 오면 남은 자들은 거룩하다 칭함을 받는다는 사실을 알 수 있다.

KEYWORD **메시아, 거룩, 보호막**

Ⅰ. 찬양과 기도

Ⅱ. 지난주 실천과제 나눔

Ⅲ. 복습문제 풀이

복습

1 이사야는 유다의 지도자를 어떻게 비난하고 있는가?(3:14–15)
하나님의 권력을 남용하여 남을 착취하는 일을 하고 있다.

Ⅳ. 말씀 이사야 4:1–6을 다 함께 읽는다

4:1 그날에 일곱 여자가 한 남자를 붙잡고 말하기를
우리가 우리 떡을 먹으며 우리 옷을 입으리니
다만 당신의 이름으로 우리를 부르게 하여

우리가 수치를 면하게 하라 하리라
2 그날에 여호와의 싹이 아름답고 영화로울 것이요
그 땅의 소산은 이스라엘의 피난한 자를 위하여
영화롭고 아름다울 것이며
3 시온에 남아 있는 자,
예루살렘에 머물러 있는 자
곧 예루살렘 안에 생존한 자 중
기록된 모든 사람은 거룩하다 칭함을 얻으리니
4 이는 주께서 심판하는 영과 소멸하는 영으로
시온의 딸들의 더러움을 씻기시며
예루살렘의 피를 그중에서 청결하게 하실 때가 됨이라
5 여호와께서 거하시는 온 시온 산과 모든 집회 위에
낮이면 구름과 연기,
밤이면 화염의 빛을 만드시고
그 모든 영광 위에 덮개를 두시며
6 또 초막이 있어서 낮에는 더위를 피하는 그늘을 지으며
또 풍우를 피하여 숨는 곳이 되리라

V. 관찰문제의 바른 답

말씀 돋보기(관찰)

1 '그날'은 어떤 날을 의미하는가?(4:1)

심판의 날

이사야서는 여호와의 날에 임할 우상숭배자들에 대한 심판을 이야기하고 있다. 이스라엘은 하나님이 여호와의 날에 그들은 무조건 축복하시고, 그들의 적은 일방적으로 벌하신다고 생각했다. 자신들이 어떤 삶을 살든 간에 상관없이 이렇게 될 것을 기대했다. 그러나 아모스 선지자는

여호와의 날을 갈망하는 이스라엘에게 그날을 기대하지 말라고 경고했다. 그날은 빛의 날이 아니라 어두움의 날이며, 위로의 날이 아니라 심판의 날이라고 했다(참조. 암 5:18-20). 이사야도 동일한 메시지를 전하고 있다. 여호와의 날에 임할 재앙은 이방인들에게만 임하는 것이 아니라, 주의 백성에게도 임할 것이라는 경고다.

2 하나님이 주의 백성을 회복시키는 일은 누구를 통해서 시작하는가?(4:2)

여호와의 싹

하나님이 주의 백성을 회복시키는 일은 '여호와의 싹'을 통하여 시작된다(2절). 이 싹은 아름답고 영화롭다(2b절). 선지자는 2장에서 인간이 스스로 아름다워지고 영화로워지려는 모든 노력을 강력히 비난했다. 또한 3장에서는 '시온의 딸들'이 자신들을 영화롭고 아름답게 보이려고 많이 노력했다. 그러나 이들의 노력은 헛된 것이었다. 이제 본문에서 인간이 그렇게 추구하던 '아름다움'과 '영광'이 메시아의 것이 될 것을 선언한다(2절). 성경은 예수님을 이새의 싹이라고도 하지만 여호와의 싹이라고도 한다. 여호와의 싹과 연결하는 것은 메시아의 신적 신분을 강조하는 것으로 예수님의 신적 면모를 강조하는 것이다.

3 시온에 남은 자는 하나님께로부터 어떤 칭함을 받는가?(4:3)

거룩하다

시온과 예루살렘에 남아 있는 자들 중 기록된 자들 즉, 전쟁과 환난에서 생존한 모든 사람들이 아니라 그들 중 일부의 사람들이 하나님께로부터 '거룩하다'고 칭함을 받는다(3c절). 이들은 하나님이 거룩하게 하신 자들(분별한 자들)이요, 주변 사람들과 다른 생활 방식에 따라 사는 거룩한 사람들이다. 선지자는 이들의 이름이 [책에] 기록되어 있다고 한다(3절). 성경은 종종 주의 백성의 이름을 담고 있는 '생명의 책'을 언급한다(출 32:32-33; 시 69:28; 단 12:1; 말 3:16). 실제 책을 뜻할 수도 있지만, 비유

일 수도 있다.

4 메시아(싹)가 시온과 예루살렘에 남아 있는 자들 중 하나님이 거룩하게 하신 사람들 가운데 오시면 어떤 일이 일어나는가?(4:4)

메시아가 오면 시온의 딸들의 더러움을 씻기실 것이다.

메시아가 오면 시온의 딸들의 더러움을 씻기실 것이다(4절). 예루살렘의 피를 정결케 할 때가 온 것이다. 메시아는 '심판하는 영'과 '소멸하는 영'으로 이스라엘을 정결케 한다(4b절). 불의 이미지뿐만 아니라 '씻다'라는 동사를 사용하여 물 혹은 피를 사용하는 것을 암시한다. 일반적으로 불은 죄를 태우고, 물/피가 죄를 씻는다고 생각한다. 선지자는 '메시아가 불로 죄를 씻는 날이 오고 있다'라는 선언으로 물 혹은 피를 사용하는 전제로 동사와 불을 상징하는 명사를 사용하여 매우 절묘한 이미지를 구상하고 있다.

5 메시아의 사역으로 죄가 해결된 후에 하나님의 영광은 어떻게 백성들과 함께하는가?(4:5-6)

불기둥, 구름기둥으로 함께하신다.

메시아의 사역으로 죄가 해결된 후에는 하나님의 영광이 거룩해진 백성과 함께한다(5-6절). 하나님이 거하시는 시온 산이 영화롭게 되는 장면, 구체적으로는 제2의 혹은 새로운 출애굽의 영광(참조. 민 9:15-23)이 연출되고 있다(5절). 이 출애굽의 영광을 재현하는 일에서 강조되는 것은 하나님의 창조사역이다. 하나님이 구름과 불기둥을 '만드신다/창조하신다'고 한다(5절). 처음 출애굽 때 하나님은 이스라엘에게 낮에는 구름기둥을, 밤에는 불기둥을 주셨다(출 13:21-22).

새 출애굽이 실현되면 시온에서 그를 경배하는[이방인들을 포함한] 모든 사람들(참조. 2:2-4)을 보호하실 것이다. 온 도시에 보호막이 쳐져 있다. 매우 인격적이고 자상한 요소가 새로운 출애굽에 더해진다. 주님이 계시는 시온은 폭풍과 비를 만난 사람들이 피하는 피난처가 된다(5절). 지금까지의 불은 심판, 두려움의 상징이었다. 그러나 여기서 하나님은 백성이 두려워하는 불을 이용하여 자신의 사랑을 표현하신다. 밤마다 예루살렘 지붕을 불로 덮으셔서 남은 자들을 추위로부터 보호하시는 것이다.

VI. 적용과 나눔

삶의 내비게이션(적용)

1 당신이 과거에 어렵고 힘들 때 회복하도록 도운 사람이나 사건은 무엇이 있었는가?

관찰문제 2번 참고. 메시아가 오시면 시온의 딸들의 더러움을 씻기실 것이다(4절). 예루살렘의 피를 정결케 하실 것이다. 메시아와 함께하는 자들은 땅의 소산물 중 가장 아름답고 풍요로운 것을 먹게 될 것이다(2c절). 메시아는 온 인류의 죄 사함과 치유를 가져다 줄 것이다. 각자가 과거에 어렵고 힘들 때 회복하도록 도운 사람에 대해 이야기를 나누어 보도록 하자. 한마디 말에 위로를 받을 수 있고, 너무 어려울 때 적은 물질로도 필요를 채울 수 있다. 단지 옆에 있어 주는 것만으로 힘이 되는 사람도 있다. 또한 어렵고 힘들 때 회복의 기점이 될 수 있는 사건에 대해서도 말해 보도록 한다. 너무 어려웠지만 작은 사건이 회복의 기회가 될 수 있었던 경험을 서로 나누어 본다.

2 당신의 삶에서 가장 갈망하는 메시아는 어떤 모습인가?

관찰문제 5번 참고. 메시아는 출애굽의 영광을 재현한다. 불기둥과 구름기둥은 위로와 보호를 강조하고 있다. 시온의 딸들에게는 더러움을 씻기고 정결케 하는 메시아로 오신다. 각자가 갈망하는 메시아의 모습에 대해 이야기를 나누어 보도록 한다. 위로의 메시아, 회복의 메시아, 심판의 메시아, 축복의 메시아, 보호의 메시아….

3 당신이 거룩하다 칭함을 받아 책에 기록되려면 어떤 부분을 더 분발해야 하는가?

관찰문제 3번 참고. 전쟁과 환난에서 살아남은 자들은 하나님께 '거룩하다'는 칭함을 받는다. 이들은 단지 살아남은 자가 아니라 주변 사람들과 다른 생활 방식에 따라 사는 거룩한 사람들이었다. 각자가 '거룩하다'는 칭함을 받을 수 있는지 돌아보는 시간을 갖도록 한다. 그리고 '거룩하다' 칭함을 받기 위해 필요한 것에 대해 이야기를 나누어 보도록 한다. '거룩하다' 칭함을 받기 위해서는 먼저 가치관과 우선순위의 변화가 있어야 할 것이다. 예를 들면 모두 커닝을 하는데 하지 않을 수 있는 용기 있는 가치관, 자녀양육에서 우선순위를 성적이 아닌 자녀의 행복 등 각자가 분발해야 하는 부분에 대해 이야기를 나누어 보도록 한다.

Ⅶ. 마무리

기도로 마무리한다.
제6주 관찰문제를 예습해 오도록 한다.
실천과제를 제시한다.

생활의 아로마(실천)

예 1) 현재 어려운 상황에 놓인 사람 누군가의 도움이 필요한 사람을 찾고, 구체적으로 도울 수 있는 방법으로 돕도록 한다.

2) 하나님의 보호의 상징이 필요한 삶의 영역을 점검하고, 하나님의 보호를 감사하는 한 주가 되도록 한다.

제6주 심은 대로 못 거두었을 때

이사야 5:1-24

학습목표

포도원의 비유를 통해 하나님과 이스라엘에 대해 알 수 있다.

KEYWORD **노력, 배신, 하나님의 성품**

Ⅰ. 찬양과 기도

Ⅱ. 지난주 실천과제 나눔

Ⅲ. 복습문제 풀이

복습

1 하나님이 주의 백성을 회복시키는 일은 누구를 통해서 시작하는가?(4:2)

여호와의 싹

Ⅳ. 말씀 이사야 5:1-24을 다 함께 읽는다

5:1 나는 내가 사랑하는 자를 위하여 노래하되
내가 사랑하는 자의 포도원을 노래하리라

내가 사랑하는 자에게 포도원이 있음이여 심히 기름진 산에로다
2 땅을 파서 돌을 제하고 극상품 포도나무를 심었도다
그중에 망대를 세웠고 또 그 안에 술틀을 팠도다
좋은 포도 맺기를 바랐더니 들포도를 맺었도다
3 예루살렘 주민과 유다 사람들아 구하노니
이제 나와 내 포도원 사이에서 사리를 판단하라
4 내가 내 포도원을 위하여 행한 것 외에 무엇을 더할 것이 있으랴
내가 좋은 포도 맺기를 기다렸거늘 들포도를 맺음은 어찌 됨인고
5 이제 내가 내 포도원에 어떻게 행할지를 너희에게 이르리라
내가 그 울타리를 걷어 먹힘을 당하게 하며 그 담을 헐어 짓밟히게 할 것이요
6 내가 그것을 황폐하게 하리니 다시는 가지를 자름이나 북을 돋우지 못하여
찔레와 가시가 날 것이며 내가 또 구름에게 명하여
그 위에 비를 내리지 못하게 하리라 하셨으니
7 무릇 만군의 여호와의 포도원은 이스라엘 족속이요
그가 기뻐하시는 나무는 유다 사람이라 그들에게 정의를 바라셨더니 도리어 포학이요
그들에게 공의를 바라셨더니 도리어 부르짖음이었도다
8 가옥에 가옥을 이으며 전토에 전토를 더하여
빈틈이 없도록 하고 이 땅 가운데에서 홀로 거주하려 하는 자들은
화 있을진저
9 만군의 여호와께서 내 귀에 말씀하시되 정녕히 허다한 가옥이 황폐하리니
크고 아름다울지라도 거주할 자가 없을 것이며
10 열흘 갈이 포도원에 겨우 포도주 한 바트가 나겠고
한 호멜의 종자를 뿌려도 간신히 한 에바가 나리라 하시도다
11 아침에 일찍이 일어나 독주를 마시며 밤이 깊도록 포도주에 취하는 자들은
화 있을진저
12 그들이 연회에는 수금과 비파와 소고와 피리와 포도주를 갖추었어도
여호와께서 행하시는 일에 관심을 두지 아니하며 그의 손으로 하신 일을 보지 아니하
는도다
13 그러므로 내 백성이 무지함으로 말미암아 사로잡힐 것이요
그들의 귀한 자는 굶주릴 것이요 무리는 목마를 것이라

14 그러므로 스올이 욕심을 크게 내어 한량없이 그 입을 벌린즉
그들의 호화로움과 그들의 많은 무리와 그들의 떠드는 것과
그중에서 즐거워하는 자가 거기에 빠질 것이라
15 여느 사람은 구푸리고 존귀한 자는 낮아지고
오만한 자의 눈도 낮아질 것이로되
16 오직 만군의 여호와는 정의로우시므로 높임을 받으시며
거룩하신 하나님은 공의로우시므로 거룩하다 일컬음을 받으시리니
17 그때에는 어린 양들이 자기 초장에 있는 것같이 풀을 먹을 것이요
유리하는 자들이 부자의 버려진 밭에서 먹으리라
18 거짓으로 끈을 삼아 죄악을 끌며 수레 줄로 함같이 죄악을 끄는 자는
화 있을진저
19 그들이 이르기를 그는 자기의 일을 속속히 이루어 우리에게 보게 할 것이며
이스라엘의 거룩한 이는 자기의 계획을 속히 이루어
우리가 알게 할 것이라 하는도다
20 악을 선하다 하며 선을 악하다 하며 흑암으로 광명을 삼으며 광명으로 흑암을 삼으며
쓴 것으로 단 것을 삼으며 단 것으로 쓴 것을 삼는 자들은
화 있을진저
21 스스로 지혜롭다 하며 스스로 명철하다 하는 자들은
화 있을진저
22 포도주를 마시기에 용감하며 독주를 잘 빚는 자들은 화 있을진저
23 그들은 뇌물로 말미암아 악인을 의롭다 하고 의인에게서 그 공의를 빼앗는도다
24 이로 말미암아 불꽃이 그루터기를 삼킴같이, 마른 풀이 불 속에 떨어짐같이
그들의 뿌리가 썩겠고 꽃이 티끌처럼 날리리니
그들이 만군의 여호와의 율법을 버리며 이스라엘의 거룩하신 이의 말씀을 멸시하였음
이라

V. 관찰문제의 바른 답

말씀 돋보기(관찰)

1 포도원 비유는 어떤 내용인가?(5:1–7)

a) 등장인물(1,7): 농부(하나님), 포도(이스라엘)

b) 농부의 노력(2): 땅을 파고, 돌을 제하고, 망대를 세우고, 술틀을 팠다.

c) 농부의 기대(2,4): 좋은 포도 맺기를 기대했다.

d) 농부의 실망(2,4): 들포도를 맺었다.

e) 농부의 응징(5,6): 울타리를 걷고, 담을 헐고, 황폐하게 할 것이다.

포도원 비유는 농부이신 하나님이 온갖 정성을 다하여 가꾸신 포도원에 대한 것이다. 농부는 세상에서 가장 아름답고 생산적인 포도원을 만들기 위하여 많은 수고를 했다(1c–2ab절). 그러나 농부의 정성과 노력에도 불구하고 '들포도'만 생산했다. 이것은 우리나라의 머루에 비교할 수 있다. 그러나 머루는 익으면 달기라도 하지만 가나안 지역의 들포도는 사람이 먹을 수 없는 것이라고 한다. 또한 머루는 사람이 가꾸지 않아도 자생하여 열매를 맺는다. 이런 면에서 들포도는 나쁜 포도보다 더 나쁜 열매다. 농부는 단순히 포도원을 버리는 일에서 끝나지 않고 포도원을 보호하는 울타리를 훼손하여 포도나무들이 약탈자들과 들짐승에게 짓밟히도록 한다(5–6절).

2 이스라엘 백성이 저지른 5가지 죄악(들포도)은 무엇인가?(5:8–23)

a) 8–10절: 지나친 욕심

b) 11–12절: 방탕

c) 18–19절: 교만

d) 20–21절: 왜곡

e) 22–23절: 부정

Tip

들포도	대상	구체적인 죄악
지나친 욕심	많은 부동산을 소유한 자들	비참한 몰락을 경고(9–10절)
방탕	하루 종일 마음껏 술을 마시며 즐기는 부자들	영적 혼수상태로 하나님에 대해 냉담, 무관심(12절)
교만	선지자와 하나님을 조롱하는 자들	하나님을 무시, 조롱(18–19절)
왜곡	스스로 지혜롭다 하는 자들 스스로 슬기롭다 하는 자들	하나님이 주신 가치관을 흔들어 놓음(20–21절)
부정	자신의 방탕과 생활을 유지하기 위해 뇌물을 받는 자들	술과 방탕에서 실력을 과시하는 명장(?)들(22–23절)

3 이스라엘 백성이 포로로 끌려가고 기근이 임하는 이유는 무엇인가?(5:13,21)

백성의 무지함

이스라엘이 욕심을 부려 많은 땅을 소유하고 더 나아가 방탕한 삶을 추구해서 얻게 된 결과는 죽임을 당하거나 타국으로 포로가 되어 끌려가는 것이다. 그 이유는 그들에게 하나님을 아는 지식이 없기 때문이다(13절). 선지자는 만약 그들이 하나님을 알았다면 결코 착취와 부정이 정의와 공의를 대체하지 못했을 것이라고 생각한다. '지혜롭다', '명철하다' 하면서 정작 하나님을 아는 지식은 없다(21절). 성경은 하나님을 아는 것이 지식의 근본이라고 한다.

4 이스라엘이 무지로 알지 못하는 하나님의 성품 세 가지는 무엇인가?(5:16)

a) 공평하신 분　　b) 거룩하신 분　　c) 의로우신 분

이스라엘이 알지 못한 하나님의 성품은 (1) 공평하신 분 (2) 거룩하신 분 (3) 의로우신 분이다. 하나님은 자기 백성이 이 땅에서 공평과 정의를 실천하며, 거룩한 삶을 추구하기를 원하는 분이시다. 이 땅에서 그렇게 사는 것이 하나님 아버지를 닮고자 하는 그의 자녀들의 모습이기 때문이다.

 삶의 내비게이션(적용)

1 당신은 포도원의 농부처럼 정성껏 최상으로 준비했으나 좋은 결과를 얻지 못한 적이 있는가?

관찰문제 1번 참고. 포도원 비유는 농부이신 하나님이 온갖 정성을 다하여 가꾸신 포도원에 대한 것이다. 농부는 세상에서 가장 아름답고 생산적인 포도원을 만들기 위하여 많은 수고를 했다(1c–2ab절). 그러나 농부의 정성과 노력에도 불구하고 '들포도'만 생산했다. 우리들의 생활에도 최선을 다해 준비했는데 좋은 결과를 얻지 못한 경험이 있을 것이다. 그것이 무엇이었는지 각자 이야기를 나누어 보도록 한다.

예) 최상의 공연을 준비했는데 관람석이 비어 있을 때
맛있는 식사를 준비했는데 아무도 안 들어올 때, 또는 다 먹고 들어올 때
최고의 인테리어로 상가를 오픈했는데 손님이 오지 않을 때
열심히 공부했는데 시험이 취소되었을 때 또는 시험을 못 봤을 때

2 다섯 종류의 들포도(욕심, 방탕, 교만, 왜곡, 부정) 중에서 당신이 가장 경계해야 하는 것은 무엇인가?

관찰문제 2번 참고. 다섯 종류의 들포도는 욕심, 방탕, 교만, 왜곡, 부정이다. 욕심으로 인한 비난의 대상은 많은 부동산을 소유하고 있는 자들이다. 그들은 많은 부동산을 소유하고 있으면서도 욕심을 부려 더 많은 밭과 집을 소유하기를 원한다. 방탕으로 인한 비난의 대상은 아침부터 저녁까지 마음껏 술을 퍼마시면서 즐겨도 표가 나지 않는 부자들이다. 이들은 하루 종일 술을 마신다. 그 술자리는 수금과 비파와 소고와 피리가 있는 사치스러운 파티다.

교만은 살아계신 하나님을 의식하거나 두려워하지 않는 것에서 시작된 죄다. 온 세상의 심판관이며 공의의 표본인 하나님이 더 이상 이 세상에서 활동하지 않는다고 생각하는 데서 시작되는 죄악이다. 교만한 자들은 자신의 눈으로 보지 않는 것은 절대 믿지 않는 실제적 무신론자들이다.

왜곡은 절대적인 것을 인정하지 않는 데서 시작되었다. 스스로 지혜롭다고 하

는 자, 스스로 슬기롭다고 하는 자들로부터 비롯된 것이다. 왜곡은 하나님을 소외시킨 인간의 지혜와 슬기의 한계다. 투기, 방탕, 교만, 왜곡은 결국 부정을 낳는다. 공평과 정의보다 자기의 이익이 가장 중요한 것으로 평가되는 사회에서 악인을 의롭다 하고 의인의 정당한 권리는 박탈당한다. 뇌물은 통찰력을 박탈하고 판단을 흐리게 하는 힘이 있다. 다섯 가지의 들포도가 무엇을 의미하는지 이해하도록 하고, 각자가 가장 경계해야 하는 것에 대해 이야기를 나누어 보도록 한다.

3 이스라엘은 하나님의 성품인 공평, 거룩, 의에 대해 무지해서 심판을 받았다. 당신의 삶에서 가장 경험하고 싶은 하나님의 성품은 무엇인가?

관찰문제 4번 참고. 선지자는 하나님의 성품을 공평하신 분, 거룩하신 분, 의로우신 분이라고 제시한다. 우리가 아는 하나님은 어떤 분이신가 묵상해 보는 시간을 갖는다. 우리는 이 땅에서 살 때 하나님의 성품을 닮고자 노력하면서 살아간다. 각자가 알고 있는 하나님의 성품에 대해 이야기를 나누어 보도록 한다. 또한 어떤 성품을 닮고 싶은가에 대해 말해 보도록 한다. 그리고 확신이 없는 하나님의 성품에 대해서도 말하도록 한다.

Ⅶ. 마무리

기도로 마무리한다.
제7주 관찰문제를 예습해 오도록 한다.
실천과제를 제시한다.

생활의 아로마(실천)

예 1) 다섯 가지 특성(욕심, 방탕, 교만, 왜곡, 부정) 중에서 거룩에서 멀어지게 하는 요소를 찾고, 의식적으로 언행을 살펴보도록 한다.

2) 하나님의 성품 중 나에게 가장 부족한 믿음의 부분을 붙잡고 기도하는 한 주가 되도록 한다.

제7주 의외의 소명

이사야 6:1-13

학습목표

이사야의 의외의 소명에 대해 알 수 있다.

KEYWORD **소명, 남은 자, 거룩**

Ⅰ. 찬양과 기도

Ⅱ. 지난주 실천과제 나눔

Ⅲ. 복습문제 풀이

복습

1 포도원 비유는 어떤 내용인가?(5:1-7)

a) 등장 인물(1,7): 농부(하나님), 포도(이스라엘)

b) 농부의 노력(2): 땅을 파고, 돌을 제하고, 망대를 세우고, 술틀을 팠다.

c) 농부의 기대(2,4): 좋은 포도 맺기를 기대했다.

d) 농부의 실망(2,4): 들포도를 맺었다

e) 농부의 응징(5,6): 울타리를 걷고, 담을 헐고, 황폐하게 할 것이다.

Ⅳ. 말씀 이사야 6:1–13을 다 함께 읽는다

6:1 웃시야 왕이 죽던 해에 내가 본즉 주께서 높이 들린 보좌에 앉으셨는데 그의 옷자
락은 성전에 가득하였고 2 스랍들이 모시고 섰는데 각기 여섯 날개가 있어 그 둘로는
자기의 얼굴을 가리었고 그 둘로는 자기의 발을 가리었고 그 둘로는 날며

3 서로 불러 이르되
거룩하다 거룩하다 거룩하다
만군의 여호와여
그의 영광이 온 땅에 충만하도다

하더라 4 이같이 화답하는 자의 소리로 말미암아 문지방의 터가 요동하며 성전에 연
기가 충만한지라 5 그때에 내가 말하되 화로다 나여 망하게 되었도다 나는 입술이 부
정한 사람이요 나는 입술이 부정한 백성 중에 거주하면서 만군의 여호와이신 왕을 뵈
었음이로다 하였더라 6 그때에 그 스랍 중의 하나가 부젓가락으로 제단에서 집은 바
핀 숯을 손에 가지고 내게로 날아와서 7 그것을 내 입술에 대며 이르되 보라 이것이
네 입에 닿았으니 네 악이 제하여졌고 네 죄가 사하여졌느니라 하더라 8 내가 또 주의
목소리를 들으니 주께서 이르시되 내가 누구를 보내며 누가 우리를 위하여 갈꼬 하시
니 그때에 내가 이르되 내가 여기 있나이다 나를 보내소서 하였더니

9 여호와께서 이르시되 가서 이 백성에게 이르기를
너희가 듣기는 들어도 깨닫지 못할 것이요
보기는 보아도 알지 못하리라 하여
10 이 백성의 마음을 둔하게 하며
그들의 귀가 막히고 그들의 눈이 감기게 하라
염려하건대
그들이 눈으로 보고 귀로 듣고 마음으로 깨닫고
다시 돌아와 고침을 받을까 하노라 하시기로
11 내가 이르되 주여 어느 때까지니이까 하였더니
주께서 대답하시되 성읍들은 황폐하여 주민이 없으며
가옥들에는 사람이 없고 이 토지는 황폐하게 되며
12 여호와께서 사람들을 멀리 옮기셔서
이 땅 가운데에 황폐한 곳이 많을 때까지니라

[13] 그중에 십분의 일이 아직 남아 있을지라도
이것도 황폐하게 될 것이나
밤나무와 상수리나무가 베임을 당하여도
그 그루터기는 남아 있는 것같이
거룩한 씨가 이 땅의 그루터기니라 하시더라

V. 관찰문제의 바른 답

말씀 돋보기(관찰)

1 이사야는 환상 중에 무엇을 보았으며, 스랍들이 선포한 것은 무엇인가?(6:1–3)

보좌에 앉으신 하나님

거룩하다, 거룩하다, 거룩하다.

이사야가 환상에서 본 하나님은 높이 들린 보좌에 앉아 계셨다. 하나님이 입고 계신 옷이 얼마나 길었는지 그 옷자락이 성전을 가득 채웠다. 하나님이 가장 화려하고 우아한 왕복을 입으신 왕으로 나타나셨다. 고대 근동에서는 사람의 신분을 옷 색깔과 길이로 나타내기도 했다. 색은 물감을 구하기가 어려울수록 귀한 색이고, 옷의 길이가 길수록 높은 신분을 뜻했다. 가장 귀한 색은 제사장의 옷에 포함되었던 청색이었다. 이 색은 바닷가에 서식하는 일종의 달팽이에서 채취했는데, 매우 희귀하여 무척 비쌌다고 한다. 또한 하나님이 입고 계신 옷이 얼마나 길었는지 그 옷자락이 성전을 가득 채웠다고 한다. 하나님이 가장 화려하고 우아한 왕복을 입으신 왕으로 나타나셨던 것이다. 세상에서 최고로 존귀하신 왕이 오셨음을 암시한다.

하나님의 보좌 주변에는 스랍들이 시중을 들고 있다. 스랍들은 각각 날개 여섯 개를 가지고 있었다. 두 개로는 얼굴을 가리고, 두 개로는 발을 가리고 있다. 하나님이 얼마나 거룩한지 그분을 시중드는 천사들마저 차마 직접 볼 수가 없는 모습이었다.

천사들(스랍들)은 하나님의 '거룩'을 세 번 반복한다. 또한 '거룩'을 세 차례 연속 반복하는 것은 구약 어디에서도 볼 수 없는 특별한 현상이다. 하나님은 그 어느 것과도 비교할 수 없는 절대적으로 거룩하신 분이심을 선포한다.

2 이사야의 부정한 입술은 어떻게 정화/치료되었는가?(6:5-7)

스랍들이 제단에서 가져온 숯불로 선지자의 입술을 지진다.

선지자가 죄로 인해 죽게 되었다며 좌절하자 스랍들이 불로 선지자의 입술을 지진다(6절). 이 불은 제단에서 가져온 것으로 인간의 것이 아닌 하나님의 불을 의미한다. 선지자의 입술을 지지는 것은 그가 선지자 사역을 할 수 있도록 즉, 그의 입술이 하나님의 말씀을 전하는 데 부족함이 없도록 하는 것이다. 스랍들이 선지자의 입을 제단 불로 정결하게 한 다음에 그의 죄가 용서받았다고 선언한다(7절). 선지자가 죄 사함을 경험한 것이다. 하나님의 백성은 사역을 시작하기 전에 누구나 자신의 죄를 씻는 계기가 필요하다. 이사야는 이 경험을 통해 선지자로 세움을 받게 되었다.

3 하나님의 음성에 이사야 선지자는 어떻게 반응하는가?(6:8)

자신이 가겠다고 자원했다.

죄를 용서받은 선지자가 감격해 하고 있는데 하나님의 음성이 들려 왔다. 하나님은 백성에게 보낼 만한 사람을 찾고 계셨고, 이사야는 자신이 가겠다고 자원했다. 이 사건이 묘사되는 정황을 보면 이사야가 직접 하나님의 명령을 받은 것이 아니라, 마치 옆에서 하나님의 독백을 듣고 자원하는 듯한 분위기다. 대체로 선지자들은 하나님께 소명을 받으면 안 가겠다고 하는데(참조. 예레미야, 에스겔) 이사야는 하나님의 직접적인 명령이 아닌 독백을 듣고도 스스로 가기를 청한다. 이사야 선지자는 사역에 매우 적극적인 자세를 취하고 있다.

4 이사야 선지자의 소명은 무엇이며, 그 일은 언제까지 진행되어야 하는가?(6:9–12)

소명: 그들이 들어도 깨달음이 없는 메시지, 보아도 알지 못하는 메시지, 곧 회개하고 주님께 돌아오는 것을 방해하는 메시지를 전하라고 하신다.

진행: 유다의 주민들이 모두 사라져 없어질 때까지.

하나님이 이사야 선지자에게 주신 소명은 가서 그들이 들어도 깨달음이 없는 메시지, 보아도 알지 못하는 메시지, 곧 회개하고 주님께 돌아오는 것을 방해하는 메시지를 전하라고 하신다(10절). 그 이유는 이미 충분히 기회를 주셨기 때문이다(참조. 1–5장 참조). 이들에게 유일하게 남은 것은 심판뿐이다. 그래서 이사야의 소명은 1장이 아니라 6장에 나온다.

전혀 기대하지 못한 소명을 받은 이사야는 엄청난 충격을 받았다. 하나님이 주신 소명이 매우 충격적이었지만 선지자는 순종할 의지를 보이고 있다. 몸이 축 처지고 고개를 떨구며 떨리는 목소리로 언제까지 이런 사역을 감당해야 하느냐고 하나님께 물었다. 하나님은 유다의 주민들이 모두 사라져 없어질 때까지 그렇게 하라고 하셨다(11절). 즉 '아무도 없을 때까지' 하나님의 심판이 계속될 것이라는 뜻이다. 이 땅에 사는 사람이 없을 때까지 하나님의 심판이 지속될 것이라는 경고는 하나님의 분노를 잘 드러낼 뿐만 아니라 이 나라의 운명이 어떻게 될 것인가를 암시한다.

5 아직 남은 이스라엘 인구의 10분의 1에 사용되는 이미지는 무엇인가?(6:13)

온 몸통이 잘려 나가고 밑둥만 남아 있는 나무의 그루터기 이미지.

하나님은 다행히 인구의 10분의 1을 남겨두실 것이라고 한다. 그나마 남은 자들은 또 한번 태워진다. 극소수만 남게 될 것을 뜻한다. 선지자는 얼마나 많은 사람들이 죽고 끌려갈 것인가를 강조하기 위하여 온 몸통이 잘려 나가고 밑둥만 남아 있는 나무의 그루터기 이미지를 사용한다. 남은 자들이 거의 없을 것이라는 뜻이다.

 삶의 내비게이션(적용)

1 당신이 지금까지 살아오면서 가장 두렵고 어려웠던 사람이나 경험은 무엇이었는가?

관찰문제 1번 참고. 이사야가 환상에서 본 하나님은 높이 들린 보좌에 앉아 계셨고, 입고 계신 옷이 얼마나 길었는지 그 옷자락이 성전을 가득 채웠다. 이사야는 죄로 인해 두려움으로 가득 찼다. 각자가 지금까지 살아오면서 가장 두렵고 어려웠던 경험에 대해 이야기를 나누어 보도록 한다. 눈을 마주치기 어렵거나, 그 앞에만 서면 할 말을 다 할 수 없거나, 두려워서 일부러 피한 경험에 대해 이야기를 나누도록 한다. 잘못을 하고 부모님 앞에 섰을 때 두려울 수 있다. 처음 만난 이성이 너무 맘에 드는데도 감히 눈을 못 마주칠 수도 있다. 너무 어려운 윗분을 멀리서 보면 피해서 다른 길로 갈 수도 있다. 각자의 경험을 나누도록 한다.

2 이사야처럼 당신도 제단 숯불로 입술이 정화될 수 있다면 무엇을 고침받기를 원하는가?

관찰문제 2번 참고. 이사야는 자신의 죄로 인해 죽게 되었다고 고백할 때 스랍들이 숯불로 입술을 정화시켜 준다. 각자가 고치고 싶은 부분에 대해 이야기를 나누어 보도록 한다. 이사야와 같이 정화를 받을 수 있다면 어떤 점을 고치고 싶은가 말해 보도록 한다.

예) 거짓말하는 입술을 정화하고 싶다.
말마다 욕이 나오는 입술을 정화하고 싶다.
사람을 미워하는 마음을 정화하고 싶다.
정화하고 싶은 것이 없는 경우라면 당신은 교만한 사람일 수 있다.

3 그루터기 이미지는 극소수의 남은 자를 의미한다. 당신이 남은 자가 되기 위해 분발해야 하는 부분은 무엇인가?

관찰문제 5번 참고. 하나님의 남은 자들은 인구의 10분의 1 정도이며, 그나마 남은 자들도 또 한번 불로 심판을 받아 대부분 없어질 것이라고 한다. 그만큼 남은 자가 되기는 어렵다는 의미일 것이다. 남은 자는 적은 숫자의 의미도 있지만 그보다 순수성의 의미가 강하다. 예를 들어 홍삼 음료라고 다 함유량이 100퍼센트가 아닌 것처럼, 첨가물이 없는 순수한 것이 귀하다. 각자가 남은 자가 되기 위해서 분발해야 하는 부분에 대해 이야기를 나누어 보도록 한다. 세상 것이 첨가되지 않는 순수성을 지키기 위해 분발해야 하는 부분에 대해 이야기를 나누도록 한다.

Ⅶ. 마무리

기도로 마무리한다.
제8주 관찰문제를 예습해 오도록 한다.
실천과제를 제시한다.

생활의 아로마(실천)

예 1) 일주일간 나만의 입술 정화를 위해 노력하도록 한다.
- 거짓말 안 하기, 뒷담화 안 하기, 과장된 표현 자제하기, 남을 정죄하지 않기, 흉보지 않기 등.

2) 나에게 첨가된 세상의 혼합물 한 가지를 정하고, 제거하고, 줄이기 위해 노력하도록 한다.
- TV 적게 보기, 인터넷 적게 하기, 악성 댓글 자제하기, 긍정적인 댓글 올리기 등.

제8주 임마누엘!

이사야 7:1–25

학습목표

징조를 구하는 것의 의미를 알 수 있다.

KEYWORD **징조, 임마누엘, 믿음**

Ⅰ. 찬양과 기도

Ⅱ. 지난주 실천과제 나눔

Ⅲ. 복습문제 풀이

복습

1 이사야 선지자의 소명은 무엇이며, 그 일은 언제까지 진행되어야 하는가?(6:9–12)

소명: 그들이 들어도 깨달음이 없는 메시지, 보아도 알지 못하는 메시지, 곧 회개하고 주님께 돌아오는 것을 방해하는 메시지를 전하라고 하신다.

진행: 유다의 주민들이 모두 사라져 없어질 때까지.

Ⅳ. 말씀 이사야 7:1-25을 다 함께 읽는다

7:1 웃시야의 손자요 요담의 아들인 유다의 아하스 왕 때에 아람의 르신 왕과 르말리
야의 아들 이스라엘의 베가 왕이 올라와서 예루살렘을 쳤으나 능히 이기지 못하니라
2 어떤 사람이 다윗의 집에 알려 이르되 아람이 에브라임과 동맹하였다 하였으므로
왕의 마음과 그의 백성의 마음이 숲이 바람에 흔들림같이 흔들렸더라 3 그때에 여호
와께서 이사야에게 이르시되 너와 네 아들 스알야숩은 윗못 수도 끝 세탁자의 밭 큰길
에 나가서 아하스를 만나 4 그에게 이르기를 너는 삼가며 조용하라 르신과 아람과 르
말리야의 아들이 심히 노할지라도 이들은 연기 나는 두 부지깽이 그루터기에 불과하
니 두려워하지 말며 낙심하지 말라 5 아람과 에브라임과 르말리야의 아들이 악한 꾀
로 너를 대적하여 이르기를 6 우리가 올라가 유다를 쳐서 그것을 쓰러뜨리고 우리를
위하여 그것을 무너뜨리고 다브엘의 아들을 그중에 세워 왕으로 삼자 하였으나
7 주 여호와의 말씀이

그 일은 서지 못하며
이루어지지 못하리라
8 대저 아람의 머리는 다메섹이요
다메섹의 머리는 르신이며
육십오 년 내에 에브라임이 패망하여
다시는 나라를 이루지 못할 것이며
9 에브라임의 머리는 사마리아요
사마리아의 머리는 르말리야의 아들이니라
만일 너희가 굳게 믿지 아니하면
너희는 굳게 서지 못하리라 하시니라

10 여호와께서 또 아하스에게 말씀하여 이르시되 11 너는 네 하나님 여호와께 한 징조
를 구하되 깊은 데에서든지 높은 데에서든지 구하라 하시니 12 아하스가 이르되 나는
구하지 아니하겠나이다 나는 여호와를 시험하지 아니하겠나이다 한지라 13 이사야가
이르되 다윗의 집이여 원하건대 들을지어다 너희가 사람을 괴롭히고서 그것을 작은
일로 여겨 또 나의 하나님을 괴롭히려 하느냐
14 그러므로 주께서 친히 징조를 너희에게 주실 것이라 보라 처녀가 잉태하여 아들을

낳을 것이요 그의 이름을 임마누엘이라 하리라 [15] 그가 악을 버리며 선을 택할 줄 알
때가 되면 엉긴 젖과 꿀을 먹을 것이라 [16] 대저 이 아이가 악을 버리며 선을 택할 줄
알기 전에 네가 미워하는 두 왕의 땅이 황폐하게 되리라 [17] 여호와께서 에브라임이 유
다를 떠날 때부터 당하여 보지 못한 날을 너와 네 백성과 네 아버지 집에 임하게 하
시리니 곧 앗수르 왕이 오는 날이니라 [18] 그날에는 여호와께서 애굽 하수에서 먼 곳의
파리와 앗수르 땅의 벌을 부르시리니 [19] 다 와서 거친 골짜기와 바위틈과 가시나무 울
타리와 모든 초장에 앉으리라 [20] 그날에는 주께서 하수 저쪽에서 세내어 온 삭도 곧
앗수르 왕으로 네 백성의 머리털과 발 털을 미실 것이요 수염도 깎으시리라 [21] 그날에
는 사람이 한 어린 암소와 두 양을 기르리니 [22] 그것들이 내는 젖이 많으므로 엉긴 젖
을 먹을 것이라 그 땅 가운데에 남아 있는 자는 엉긴 젖과 꿀을 먹으리라 [23] 그날에는
천 그루에 은 천 개의 가치가 있는 포도나무가 있던 곳마다 찔레와 가시가 날 것이라
[24] 온 땅에 찔레와 가시가 있으므로 화살과 활을 가지고 그리로 갈 것이요 [25] 보습으로
갈던 모든 산에도 찔레와 가시 때문에 두려워서 그리로 가지 못할 것이요 그 땅은 소
를 풀어 놓으며 양이 밟는 곳이 되리라

V. 관찰문제의 바른 답

말씀 돋보기(관찰)

1 아람과 이스라엘의 침략에 유다 왕은 어떻게 반응했는가?(7:2)

숲이 바람에 흔들리듯이 두려워했다.

침략군의 소식이 전해지자 예루살렘에 거하던 '왕의 마음과 그 백성의 마음이 숲이 바람에 흔들림같이 흔들렸다'고 한다(2절). 이 이야기는 주전 734년경의 일이다. 이때 가나안 지역에는 아시리아 내부의 반란이 있었다는 소문이 퍼졌다. 그동안 아시리아의 종속국으로 있던 북왕국 이스라엘과 시리아(아람)가 종주국의 혼란을 틈타 독립하겠다며 반기를 들었다. 시리아와 르신과 이스라엘 왕 베가는 연합군을 형성했고 유다에게 자신들에게 동조할 것을 요청했다. 그러나 유다 왕 아하스는 그들의 동

맹 요청을 거부하며 독자적인 국제 정치를 펼쳐 나갔다. 이에 분개한 시리아와 이스라엘이 남왕국 유다를 침략했다. 유다는 큰 위기를 맞이한 것이다. 그러나 성경은 이미 1절에서 '능히 이기지 못하더라'라며 연합군이 실패할 것을 전제로 이야기를 전개해 나간다. 위기는 위기이지만, 크게 우려할 만한 것은 아니라는 것이다. 그럼에도 불구하고 유다의 왕은 불안에 떨고 있다. 사건이 전개되면서 밝혀지는 것은 이들은 믿음이 없어서 이렇게 떨고 있는 것이다.

2 이사야 선지자와 그의 아들 스알야숩이 아하스를 만나는 장소는 어디이며, 선포해야 할 내용은 무엇인가?(7:3-4)

a) 장소: 윗못 수도 끝 세탁자의 밭 큰길.

b) 내용: 너는 삼가며 조용하라.

연합군이 유다를 침략한 상황에서 하나님이 이사야에게 아들을 데리고 아하스를 찾아가라고 하신다(3절). 장소는 '윗못 수도 끝 세탁자의 밭 큰길'(3절)로 군사적 요새 혹은 전시 작전실로 사용되었던 것 같다. 훗날 히스기야가 이곳에서 침략군 아시리아에게 수모를 당한다(36:2). 이사야는 아하스에게 '너는 삼가며 조용하라'(4절)는 말을 전한다. 이것은 아무것도 하지 말라는 뜻이다. 왜냐하면 하나님이 보시기에 연합군은 고작 연기나 내는 부지깽이에 불과하기 때문이다. 어렵고 힘이 들 때 조용히 여호와를 기다리는 것도 좋은 믿음의 표현이다.

3 침략자들의 계획은 무엇이며, 이에 대한 하나님의 반응은 무엇인가?(7:6-7)

a) 계획: 유다 왕 아하스를 제거하고 그 자리에 다른 사람을 세우는 것이다.

b) 반응: 그 일은 이루어지지 않는다.

연합군은 유다 왕 아하스를 제거하고 그 자리에 다른 사람을 세우려고 침략해 왔다(5-6절). 이들이 아하스 대신 유다의 왕으로 세우려고 하는 자는 '다브엘의 아들'인데 다브엘은 멍청이라는 뜻으로 해석된다. 연합

군, 곧 인간의 계획에 하나님은 두 차례나 그들의 계획이 결코 실현되지 않을 것이라고 말씀하신다. 인간이 아무리 기발한 아이디어와 계획을 가지고 있어도 하나님이 허락하지 않으시면 이루어지지 않는다.

4 이사야가 아하스에게 징조를 구하라고 했을 때 그는 어떻게 했으며, 하나님이 주신 징조는 무엇인가?(7:12, 14)

거절했다.

임마누엘 아이

연합군의 위협이 결코 유다를 파멸에 이르게 하지 못할 것이라고 선언한 이사야는 아하스에게 여호와 하나님을 신뢰하도록 권면한다. 바로 이 세상의 어떠한 '징조/표적'이라도 좋으니 구하라는 것이었다. 그러나 아하스는 선지자의 권면을 거절한다. 그의 이러한 행위는 선지자의 강력한 비난을 샀다. 이사야 안에서 '징조'는 중요한 위치를 차지한다. 히스기야는 그가 병석에서 회복될 것이라는 약속과 함께 해시계의 그림자가 물러나는 기적을 징조로 받았다(38:7-8). 그러나 그는 만족하지 않고 또 다른 징조를 요구한다(38:22). 이사야서는 징조를 많이 받고 요구할수록 믿음 있는 자로 간주한다. 그래서 계속 징표를 구하는 히스기야는 믿음을 지닌 훌륭한 왕으로, 징조를 주겠다는데도 거부하는 아하스는 믿음이 없는 형편없는 왕으로 취급한다.

아하스가 징표를 거절한 이유는 연합군의 위협에 이미 아시리아 왕에게 많은 돈을 지불하고 군사적인 도움을 요청한 상태였기 때문이다(왕하 16:7).

〈이사야와 예수님 시대의 징조 비교〉

징조/표적	이사야	예수님 시대
반응(결과)	긍정적	부정적
구하는 자	믿음을 바탕으로 요구	믿을 수 없어서 요구
결과	하나님에 대한 믿음의 고백	주님의 탄식

징표를 구하기를 거절한 아하스에게 하나님은 일방적으로 징조를 주신다. '처녀'가 아이를 낳고 이름을 '임마누엘'이라 하리라는 징표다. 아하스가 군림하던 때는 시대적으로 매우 어려운 때였다. 이 어려운 때에 임마누엘이 징표로 주어지는 것은 어려울 때일수록 '하나님이 그의 백성과 함께하신다'는 진리를 강조하기 위해서다. 선지자는 임마누엘 아이가 선과 악을 구분할 즈음에 젖과 꿀을 먹게 될 것을 예언한다(15절).

5 그날에 이스라엘이 경험하는 두 가지는 무엇인가?(7:18–25)

a) 파괴된 자존심

b) 땅의 파괴

첫째, 파괴된 자존심이다(18–20절). '면도칼' 아시리아 왕은 이 백성의 머리털, 발털, 수염을 민다. 수염, 머리털을 깎이는 것은 당시 최고의 수치였다(삼하 10장). '발털'은 음부의 털을 완곡하게 표현하는 단어다.

둘째, 이스라엘은 자신들의 땅이 완전히 파괴되는 일을 경험할 것이다(21–25절). 얼마나 심판이 심한지 이스라엘의 인구가 크게 줄게 될 것을 선언한다. 거의 다 죽었기 때문에 아주 작은 양의 소산을 가지고도 충분히 먹고 남을 것이다(참조. 6:12–13). 어린 소와 두 마리의 염소가 충분하다는 것은 그만큼 인구가 줄어들 것을 말하고 있다. 또한 포도원과 옥토가 완전히 황폐해지고 관리할 사람마저 없다(23–24절). 과거 집들로 들어차 있던 곳이 이제는 황무지로 변해 버렸고 남은 자들은 이 황무지로 사냥을 간다.

선지자가 20절부터 제시하는 심판의 진행을 종합해 보면 다음과 같다.

(1) 자존심이 파괴됐다(20절). (2) 민생고가 최악에 달했다(21절). (3) 그들은 저축/축적해 온 모든 것을 잃었다(23절). (4) 그들의 일터가 완전히 파괴되었다(25절).

삶의 내비게이션(적용)

1 당신이 사랑하는 사람에게 증표를 구한다면 그것은 무엇인가?

관찰문제 4번 참고. 구약에서의 증표는 믿음의 표현이었다. 아하스의 징표와 히스기야의 징표가 그것을 잘 보여 준다. 각자가 사랑하는 사람에게 증표를 구한 경험에 대해 이야기를 나누어 보도록 하자. 어떤 이는 프로포즈할 때 자신이 듣고 싶은 말을 하는 사람과 교제하겠다고 증표를 구한다. 어떤 이는 자신과 많은 시간을 보내는 사람이 자신을 사랑한다고 생각하기도 한다. 어떤 이는 자신을 위해 많은 돈을 사용하는 사람이 자신을 사랑하는 증표라고 생각한다. 이처럼 각자의 가치관이 조금씩 다를 수 있다. 현재 나는 어떤 징표를 구할 것인지에 대해서도 나누어 보도록 한다.

2 아하스는 어려움이 닥쳐오자 숲의 나무가 흔들리듯 마음이 흔들린다. 당신에게 어려움이 닥치면 어떤 순서로 일을 해결해 나가는가?

관찰문제 1번 참고. 아하스가 하나님께 증표를 구하라는 선지자의 말에 증표를 구하지 않겠다고 거절한 것은 이미 아시리아 왕에게 많은 돈을 지불하고 군사적인 도움을 요청한 상태였기 때문이다(왕하 16:7). 아하스는 어려움이 생기자 하나님께 먼저 의뢰하기보다는 군사력에 의존했다. 각자가 어려움이 닥치면 먼저 하는 일이 무엇인가 나누어 보도록 하자. 이를테면 부모, 친구, 배우자, 멘토 등 누군가에게 알리고 도움을 청할 수도 있다. 기도를 먼저 할 수도 있다. 혼자만의 시간을 가질 수도 있다. 해결 방법을 모색하기 위해 여러 곳을 찾아 다닐 수도 있다. 어려움이 닥치면 어떤 순서로 일을 해결하는지에 대해 서로 이야기를 나누어 보고, 각자의 피드백을 통해 가장 좋은 순서는 무엇인지 이야기를 나누도록 한다. 성경에서 원하는 해결 순서는 먼저 하나님을 의지하는 것이다.

3 하나님은 징표를 구하지 않는 아하스를 향해 임마누엘 아이의 증표를 주신다. 당신이 가장 어렵고 힘들 때 받고 싶은 약속은 무엇인가?

관찰문제 4번, 5번 참고. 임마누엘 아이의 증표는 어려울 때 하나님이 그의 백성과 함께하신다는 진리를 강조하는 증표다. 그러므로 우리는 삶에 지쳐도 낙심할 필요가 없다. 가장 절망적인 순간이 하나님을 바라기에 가장 좋은 순간이 될 수 있기 때문이다. 각자가 가장 어렵고 힘들 때 받고 싶은 약속에 대해 이야기를 나누어 보도록 한다. 물질로 어려울 때는 물질에 대한 축복을 약속 받고 싶을 것이다. 시험을 앞둔 수험생이라면 시험을 잘 보는 지혜를 약속받고 싶을 것이다. 결혼을 앞둔 미혼자라면 행복한 결혼을 약속받고 싶을 것이다. 출산을 앞둔 부모라면 자녀의 앞날에 대한 축복을 약속받고 싶을 것이다. 각자가 받고 싶은 약속에 대해 이야기해보도록 한다. 인도자는 가장 큰 약속이자 축복은 하나님이 함께하시는 것이라는 사실을 잊지 않도록 돕는다.

Ⅶ. 마무리

기도로 마무리한다.
제9주 관찰문제를 예습해 오도록 한다.
실천과제를 제시한다.

생활의 아로마(실천)

예 1) 징표를 구할 때 의심의 해소인지, 믿음을 확신하기 위한 방편인지 구별하도록 한다.

2) 지금 닥친 어려움 중에 하나님께 아뢰는 것을 우선하고 있는지 점검하도록 한다.

제9주 흐르는 듯 마는 듯

이사야 8:1-9:1

학습목표

하나님을 거부한 이들에게 임하는 심판에 대해 알 수 있다.

KEYWORD 어두움, 가치관, 하나님의 성실

Ⅰ. 찬양과 기도

Ⅱ. 지난주 실천과제 나눔

Ⅲ. 복습문제 풀이

복습

1 이사야가 아하스에게 징조를 구하라고 했을 때 그는 어떻게 했으며, 하나님이 주신 징조는 무엇인가?(7:12,14)

거절했다.

임마누엘 아이.

Ⅳ. 말씀 이사야 8:1-9:1을 다 함께 읽는다

8:1 여호와께서 내게 이르시되 너는 큰 서판을 가지고 그 위에 통용 문자로 마헬살랄하

스바스라 쓰라 [2] 내가 진실한 증인 제사장 우리야와 여베레기야의 아들 스가랴를 불
러 증언하게 하리라 하시더니 [3] 내가 내 아내를 가까이 하매 그가 임신하여 아들을 낳
은지라 여호와께서 내게 이르시되 그의 이름을 마헬살랄하스바스라 하라 [4] 이는 이
아이가 내 아빠, 내 엄마라 부를 줄 알기 전에 다메섹의 재물과 사마리아의 노략물이
앗수르 왕 앞에 옮겨질 것임이라 하시니라

[5] 여호와께서 다시 내게 말씀하여 이르시되
[6] 이 백성이 천천히 흐르는 실로아 물을 버리고
르신과 르말리야의 아들을 기뻐하느니라
[7] 그러므로 주 내가 흉용하고 창일한 큰 하수
곧 앗수르 왕과 그의 모든 위력으로 그들을 뒤덮을 것이라
그 모든 골짜기에 차고 모든 언덕에 넘쳐
[8] 흘러 유다에 들어와서 가득하여 목에까지 미치리라
임마누엘이여
그가 펴는 날개가 네 땅에 가득하리라 하셨느니라
[9] 너희 민족들아 함성을 질러 보아라 그러나 끝내 패망하리라
너희 먼 나라 백성들아 들을지니라
너희 허리를 동이라 그러나 끝내 패망하리라
너희 허리에 띠를 띠라 그러나 끝내 패망하리라
[10] 너희는 함께 계획하라 그러나 끝내 이루지 못하리라
말을 해 보아라 끝내 시행되지 못하리라
이는 하나님이 우리와 함께 계심이니라
[11] 여호와께서 강한 손으로 내게 알려 주시며 이 백성의 길로 가지 말 것을 내게 깨우
쳐 이르시되
[12] 이 백성이 반역자가 있다고 말하여도
너희는 그 모든 말을 따라 반역자가 있다고 하지 말며
그들이 두려워하는 것을 너희는 두려워하지 말며 놀라지 말고
[13] 만군의 여호와 그를 너희가 거룩하다 하고
그를 너희가 두려워하며
무서워할 자로 삼으라
[14] 그가 성소가 되시리라

그러나 이스라엘의 두 집에는
걸림돌과 걸려 넘어지는 반석이 되실 것이며
예루살렘 주민에게는 함정과 올무가 되시리니
15 많은 사람들이 그로 말미암아 걸려 넘어질 것이며
부러질 것이며 덫에 걸려 잡힐 것이니라

16 너는 증거의 말씀을 싸매며 율법을 내 제자들 가운데에서 봉함하라 17 이제 야곱의
집에 대하여 얼굴을 가리시는 여호와를 나는 기다리며 그를 바라보리라 18 보라 나와
및 여호와께서 내게 주신 자녀들이 이스라엘 중에 징조와 예표가 되었나니 이는 시온
산에 계신 만군의 여호와께로 말미암은 것이니라 19 어떤 사람이 너희에게 말하기를
주절거리며 속살거리는 신접한 자와 마술사에게 물으라 하거든 백성이 자기 하나님께
구할 것이 아니냐 산 자를 위하여 죽은 자에게 구하겠느냐 하라 20 마땅히 율법과 증
거의 말씀을 따를지니 그들이 말하는 바가 이 말씀에 맞지 아니하면 그들이 정녕 아침
빛을 보지 못하고 21 이 땅으로 헤매며 곤고하며 굶주릴 것이라 그가 굶주릴 때에 격
분하여 자기의 왕과 자기의 하나님을 저주할 것이며 위를 쳐다보거나 22 땅을 굽어보
아도 환난과 흑암과 고통의 흑암뿐이리니 그들이 심한 흑암 가운데로 쫓겨 들어가리
라 9:1 전에 고통받던 자들에게는 흑암이 없으리로다 옛적에는 여호와께서 스불론 땅
과 납달리 땅이 멸시를 당하게 하셨더니 후에는 해변 길과 요단 저쪽 이방의 갈릴리를
영화롭게 하셨느니라

V. 관찰문제의 바른 답

말씀 돋보기(관찰)

1 북왕국 이스라엘과 시리아의 노략물이 앗수르 왕 앞에 옮겨질 때는 언제인가?(8:4)

이사야의 아이 마헬살랄하스바스가 '엄마, 아빠' 하기 전.

하나님은 이사야의 아이 마헬살랄하스바스가 '엄마, 아빠' 하기 전에 이 두 나라가 멸망할 것을 선포하시는데, 이는 아이가 한두 살 될 무렵으로

이 예언이 선포되고 몇 년 안 되어 이 일이 있을 것이라는 의미다. '마헬 살랄하스바스'는 '전리품이 빠르다, 노획물이 신속하다' 라는 의미다. 유다를 침략해온 시리아와 북왕국을 벌하기 위하여 아시리아를 동원하실 텐데, 그들을 정복하기 위하여 오는 아시리아 침략군은 이 두 나라의 군대와 싸우는 데 관심이 있는 것이 아니라, 노획물 확보에만 집중할 것을 강조하신다. 그만큼 침략군은 무시무시한 실력을 소유하였으며, 북왕국과 시리아는 절대 그들의 적수가 될 수 없음을 강조하고 있다.

- 마헬–빠르다; 살랄– 약탈품, 전리품; 하스– 신속함; 바스– 노략물
  네 단어는 같은 의미를 두 번 반복하고 있다.

2 천천히 흐르는 실로아 물을 버린 백성에게 임할 심판은 무엇인가?(8:7)

아시리아에게 멸망당할 것이다.

천천히 흐르는 실로아 물을 거부한 이들에게 내려지는 심판은 혹독할 것이다(7절). 거센 강물이 그들의 땅과 삶을 휩쓴다. 거센 강물은 바로 아시리아와 그 나라 왕이다. 실로아의 잔잔한 흐름과 거센 흐름의 유프라테스 강을 비교해 보자.

유프라테스 강은 세상의 눈으로 보면 엄청난 위력을 갖고 있는데, 얼마나 위력이 큰지 이 강물을 초청한 장본인 아하스와 그의 나라 유다도 휩쓸어 버린다. 반면에 실로아의 잔잔히 흐르는 물은 때로는 흐르는 듯 마는 듯한 모습을 연상케 한다. 그러나 실로아는 꾸준하고 변함이 없는데 이는 이스라엘 역사에서 여러 가지를 의미한다.

첫째, 실로아는 다윗 왕조를 상징한다. 실로아의 근원인 기혼에서 다윗이 자신의 왕권을 아들에게 물려주었기 때문이다(왕상 1:33–34,45). 둘째, 실로아는 예루살렘이 믿음의 도시라는 것을 의미했다. 지형을 고려할 때 예루살렘은 그 지역에서 가장 훌륭한 요새 중 하나였다. 그러나 예루살렘은 치명적인 약점을 지녔는데, 성 내에는 마땅한 샘이 없어서 식수가 성 밖에서부터 공급되어야 한다는 것이었다(참조. 7:3). 실로아는 성 밖에 위치한 기혼 샘의 물을 터널을 통해 성 안으로 끌어들여 주민들의

식수를 공급했다. 이 위태로운 물 공급 수단을 감안할 때, 예루살렘 거주는 하나님이 이 도성을 꼭 보호해 주실 것이라는 믿음을 전제로 했다(참조. 22:9–14).

3 의인들이 두려워하지 말 것과, 두려워해야 하는 것은 무엇인가?(8:12–13)

두려워하지 말 것: 사악한 자들이 두려워하는 것.
두려워해야 할 것: 여호와 하나님.

하나님은 남은 자들에게 사악한 자들이 두려워하는 것을 두려워하지 말라고 하신다(12절). 하나님은 믿지 않는 세상 사람처럼 되어 버린 이스라엘 사람들이 두려워하는 것을 두려워하지 말라고 하신다. 세상 사람들은 어려운 일이 일어날 때 지나치게 걱정하고 두려워한다. 이런 지나친 불안감을 초월하라는 권면이다. 또한 선지자는 의인들에게 사람들이 두려워하는 것을 두려워하지 말고 오직 여호와를 두려워하라고 권면한다(13절). 세상 사람들이 놀라는 것에 놀라지 말고 여호와를 너희의 놀람으로 삼으라는 도전인 것이다. 선지자는 여러 면에서 우리의 가치관은 세상 사람들의 것과 완전히 달라야 한다고 한다. 하나님이 '거룩하다'고 하는 것은 그분의 거룩하심을 항상 의식하고 살아가는 것을 의미한다.

4 시대가 어두울수록 사람들을 현혹하는 자들은 누구인가?(8:19–20)

신접한 자들과 마술사들.

어두움에 지배당하는 자들은 위기가 오면 하나님 여호와를 찾는 것이 아니라 신접한 자들과 마술사들을 찾는다(19절). '신접한 자들'은 죽은 자의 영을 부르는 사람이다. 사울이 접했던 엔돌의 여자 점쟁이를 일컬을 때 같은 단어를 사용했다. '마술사들'은 보통 사람들은 알지 못하는 특별한 정보를 지닌 척하는 자들로 특히 미래에 대한 통찰력이 있는 척한다. 율법은 이런 행위를 모두 죄로 규정한다(레 19:31; 20:6; 신 18:10–14; 참조. 삼상 15:23). 그렇다고 해서 이스라엘에서 이런 미신적인 일들이 사라진

것은 아니었다(참조. 삼상 28:7-19).

구약에서 죽는다는 것은 새로운 능력을 갖게 되는 것이 아니라, 오히려 잃는 것을 뜻한다. 그러므로 죽은 자는 살아 있는 자보다 능력이 훨씬 덜하다는 것이다. 죽은 사람의 능력은 살아 있을 때 지녔던 능력에 비교할 때 그림자와 같다(참조. 사 14:10; 삼상 28:16ff). 죽으면 아무런 능력이 없다. 그러나 한국의 귀신 영화들은 사람이 죽으면 살았을 때보다 훨씬 더 큰 능력과 힘이 있는 것처럼 보인다. 이것은 비성경적인 사고로 기독교적인 세계관이 아니다. 성경에서 귀신은 힘이 없다고 한다. 그러나 귀신이 이용하는 사람은 힘이 셀 수 있어 귀신들린 사람은 힘이 세다.

5 아침 빛을 보지 못하는 자들이 당할 혹독한 고통은 무엇인가?(8:21-22)

a) 궁핍을 경험한다.

b) 정치적으로, 종교적으로 지치게 될 것이다.

c) 하늘을 보아도 솟아날 구멍이 없다.

d) 땅을 보아도 환난과 고통뿐이다.

e) 미래를 보아도 어둡기만 하다.

끝까지 하나님을 거부하고 어두움 속에 거할 사람들이 당할 혹독한 고통이 여러 가지로 표현되고 있다(21-22절). (1) 그들은 궁핍을 경험한다(21a절). (2) 그들은 정치적으로, 종교적으로 지치게 될 것이다(21b절). (3) 하늘을 보아도 솟아날 구멍이 없다(21c절). (4) 땅을 보아도 환난과 고통뿐이다(22a절). (5) 미래를 보아도 어둡기만 하다(22b절). 이들에게 소망은 선택할 수 있는 것이 아니다. 반면에 새벽 빛은 소망적인 미래를 의미한다. 이런 빛이 있는데 이 빛을 무시하고 산다는 것은 자신을 한밤의 어둠 속에 가두는 것과 같다. 미래에 하나님의 은혜를 입을 자들은 분명히 그의 말씀에 근거하여 말할 것을 뜻한다. 하나님의 말씀이 바로 이 아침 빛과 같기 때문이다.

삶의 내비게이션(적용)

1 당신의 인생에 있어서 가장 캄캄했던 경험은 무엇이었는가?

관찰문제 5번 참고. 하나님을 거부하고 어둠 속에 거할 사람들이 당할 혹독한 고통이 흑암으로 표현된다. 흑암→ 고통의 흑암→ 심한 흑암. 표현이 강화되면 그 강도를 더해가며 고통이 얼마나 혹독할 것인가를 잘 보여 준다. 각자의 인생에 있어서 가장 캄캄했던 경험에 대해 이야기를 나누어 보도록 한다. 시험에서의 낙방, 취업에서의 불합격, 애인과의 결별, 사업의 실패, 암 진단, 가족의 죽음(부모, 배우자) 등.

2 당신이 버틸 수 있게 해주는 작지만 변함없는 실로아 같은 물은 무엇이며, 당신을 엄습하고 있는 큰 하수와 같은 문제는 무엇인가?

관찰문제 2번 참고. 실로아의 물은 꾸준하며 변함없는 물이다. 어떨 때는 마를 것 같지만 계속해서 흐르는 물이다. 이 실로아의 물은 하나님의 인도하심과 은혜에 비교할 수 있다. 반면 창일한 큰 하수는 세상의 위력을 발휘하는 크고 강한 물이다. 보기에는 힘차고 생동력이 있는 물이지만 때로는 죽이는 물이기도 하다. 그 강한 물에 휩쓸리면 죽음을 면치 못하기 때문이다. 각자가 실로아 물과 존재, 큰 하수와 같은 문제에 대해 이야기를 나누어 보도록 한다.

예) 실로아의 물: 사랑, 기도회, 성경공부 모임, 묵상의 시간.

큰 하수: 실직, 재난, 사고, 인생의 급격한 변화, 이혼, 큰 사업의 기회.

3 아침 빛은 소망적인 미래를 의미한다. 당신이 소망하는 아침 빛은 무엇인가?

관찰문제 5번 참고. 남은 자들의 특징은 미래에 대한 소망을 지닌 자들이다(8:11-22). 삶에 대한 태도가 다른 자들이다(8:12-13). 특권이 있는 자들이다(8:14). 삶의 우선권이 다른 자들이다(8:16. 19-20). 소망의 내용이 다른 자들이다(8:17-18, 21-22). 각자가 소망하는 아침 빛에 대해 이야기를 나누어 보도록 한다. 빛은 희망과 승리를 의미하며, 건강이 필요한 사람에게는 치료를 의미한다. 좌절하고 있는 사람에게는 승리의 빛이 필요하다. 부족한 사람들에게는 준비하시는 여호와 이레의 하나님이 필요하다. 각자가 소망하는 아침 빛에 대해 서로 이야기를 나누도록 한다.

Ⅶ. 마무리

기도로 마무리한다.
제10주 관찰문제를 예습해 오도록 한다.
실천과제를 제시한다.

생활의 아로마(실천)

예 1) 한 주간 나를 버티게 한 실로아 물과 같은 하나님의 은혜에 감사하도록 한다.

2) 현재 가장 두려워하는 것을 찾고 아래 말씀을 묵상하면서 두려움을 극복하도록 한다.

– 13절 "만군의 여호와 그를 너희가 거룩하다 하고
그를 너희가 두려워하며
무서워할 자로 삼으라."

제10주 크리스마스

이사야 9:2-21

학습목표

아이의 네 가지 이름을 통해서 메시아의 특성에 대해 알 수 있다.

KEYWORD **메시아, 구원, 기쁨**

Ⅰ. 찬양과 기도

Ⅱ. 지난주 실천과제 나눔

Ⅲ. 복습문제 풀이

복습

1 천천히 흐르는 실로아 물을 버린 백성에게 임할 심판은 무엇인가?(8:7)

아시리아에게 멸망당할 것이다.

Ⅳ. 말씀 이사야 9:2-21을 다 함께 읽는다

9:2 흑암에 행하던 백성이 큰 빛을 보고
사망의 그늘진 땅에 거주하던 자에게 빛이 비치도다

3 주께서 이 나라를 창성하게 하시며 그 즐거움을 더하게 하셨으므로
추수하는 즐거움과 탈취물을 나눌 때의 즐거움같이 그들이 주 앞에서 즐거워하오니
4 이는 그들이 무겁게 멘 멍에와 그들의 어깨의 채찍과
그 압제자의 막대기를 주께서 꺾으시되 미디안의 날과 같이 하셨음이니이다
5 어지러이 싸우는 군인들의 신과 피 묻은 겉옷이 불에 섶같이 살라지리니
6 이는 한 아기가 우리에게 났고
한 아들을 우리에게 주신바 되었는데
그의 어깨에는 정사를 메었고
그의 이름은 기묘자라, 모사라,
전능하신 하나님이라,
영존하시는 아버지라,
평강의 왕이라 할 것임이라
7 그 정사와 평강의 더함이 무궁하며 또 다윗의 왕좌와 그의 나라에 군림하여
그 나라를 굳게 세우고 지금 이후로 영원히 정의와 공의로 그것을 보존하실 것이라
만군의 여호와의 열심이 이를 이루시리라
8 주께서 야곱에게 말씀을 보내시며 그것을 이스라엘에게 임하게 하셨은즉
9 모든 백성 곧 에브라임과 사마리아 주민이 알 것이어늘
그들이 교만하고 완악한 마음으로 말하기를
10 벽돌이 무너졌으나 우리는 다듬은 돌로 쌓고
뽕나무들이 찍혔으나 우리는 백향목으로 그것을 대신하리라 하는도다
11 그러므로 여호와께서
르신의 대적들을 일으켜 그를 치게 하시며
그의 원수들을 격동시키시리니
12 앞에는 아람 사람이요 뒤에는 블레셋 사람이라 그들이 모두 입을 벌려 이스라엘을
삼키리라
그럴지라도 여호와의 진노가 돌아서지 아니하며 그의 손이 여전히 펴져 있으리라
13 그리하여도 그 백성이 자기들을 치시는 이에게로 돌아오지 아니하며
만군의 여호와를 찾지 아니하도다
14 그러므로 여호와께서 하루 사이에 이스라엘 중에서
머리와 꼬리와 종려나무 가지와 갈대를 끊으시리니

[15] 그 머리는 곧 장로와 존귀한 자요 그 꼬리는 곧 거짓말을 가르치는 선지자라
[16] 백성을 인도하는 자가 그들을 미혹하니 인도를 받는 자들이 멸망을 당하는도다
[17] 이 백성이 모두 경건하지 아니하며 악을 행하며 모든 입으로 망령되이 말하니
그러므로 주께서 그들의 장정들을 기뻐하지 아니하시며
그들의 고아와 과부를 긍휼히 여기지 아니하시리라
그럴지라도 여호와의 진노가 돌아서지 아니하며 그의 손이 여전히 펴져 있으리라
[18] 대저 악행은 불타오르는 것 같으니
곧 찔레와 가시를 삼키며 빽빽한 수풀을 살라
연기가 위로 올라가게 함과 같은 것이라
[19] 만군의 여호와의 진노로 말미암아 이 땅이 불타리니
백성은 불에 섶과 같을 것이라 사람이 자기의 형제를 아끼지 아니하며
[20] 오른쪽으로 움킬지라도 주리고 왼쪽으로 먹을지라도 배부르지 못하여
각각 자기 팔의 고기를 먹을 것이며
[21] 므낫세는 에브라임을, 에브라임은 므낫세를 먹을 것이요
또 그들이 합하여 유다를 치리라
그럴지라도 여호와의 진노가 돌아서지 아니하며
그의 손이 여전히 펴져 있으리라

V. 관찰문제의 바른 답

말씀 돋보기(관찰)

1 하나님이 빛으로 임하시는 날, 기다리는 사람들의 큰 기쁨을 묘사하는 두 가지 이미지는 무엇인가? 또한 어떤 역사적 사건을 통해 그들에게 임할 축복을 보장하고 있는가?(9:3-4)

* 이미지:

a) 수확의 기쁨　　b) 전리품을 나누는 기쁨

* 역사적 사건:

a) 하나님이 미디안을 치신 날　　b) 출애굽

Tip 어둠 속에서 하나님의 빛이 오기를 기다리던 자들에게 드디어 큰 빛이 임했는데, 선지자는 두 가지 은유를 사용하여 그들의 기쁨을 묘사한다. 첫째, 수확의 기쁨이다. 농사철 내내 온갖 정성을 쏟으며 농작물을 가꾸던 농부가 가장 기뻐하는 순간은 당연히 그 농작물을 수확할 때다. 농부의 모든 수고가 열매로 드러나는 순간이며, 그의 농법이 효과적이었음을 인정받는 순간이기 때문이다. 둘째, 전리품을 나누는 기쁨이다. 전쟁에 나갔던 군인들의 가장 큰 기쁨의 순간은 바로 약탈한 물건들을 나눌 때다. 전리품을 나눌 때는 이미 전쟁이 끝난 후이다. 그렇기에 전리품을 나누는 군인은 더 이상 생명을 담보로 싸울 필요가 없다.

선지자는 하나님이 남은 자들에게 은혜를 베푸실 것을 보증하는 것으로 과거에 베푸신 은혜를 지목한다(4절). 첫째, 하나님이 미디안을 치신 날이다(참조. 삿 6–8장). 기드온이 300명으로 수만 명의 미디안 군을 물리친 것은 하나님의 절대적인 역사와 축복을 강조하는 일이었다. 또한 이 사건은 칠흑같은 어두움 속에서 갑자기 드러난 빛으로 승리한 사건이었다. 둘째, 출애굽 사건이다. 앞으로 그들에게 임할 축복은 옛날 이집트의 노예가 되어 억압받으며 살던 주의 백성에게 해방의 기쁨을 주었던 사건에 비교될 정도로 크고 놀라운 하나님의 역사가 될 것이라는 뜻이다.

2 메시아로 온 아이가 갖게 되는 네 가지 이름은 무엇인가?(9:6)

a) 기묘한 모사　　b) 전능하신 하나님

c) 영존하시는 아버지　　d) 평화의 왕

〈왕으로 오실 아이의 특성(9:6–7)〉

묘사된 아이의 이름(9:6)		훌륭한 왕으로서의 통치능력(9:7)	
1. 기묘한 모사(놀라운 상담자 wonderful counselor)	연약함에 강함, 항복할 때 승리, 죽음 안에 생명의 지혜 지님	정사와 평강의 더함이 무궁	왕권의 한계를 모르고 커져 나가며 나라의 평화 유지함
2. 전능하신 하나님 (almighty God)	누구도 모방하지 못할 군사적 능력을 지님	다윗의 왕좌와 그의 나라에 군림	다윗의 보좌에 앉을 것이며 다시 다윗 왕조를 영화롭게 함

3. 영존하시는 아버지 (everlasting father)	연약한 자에 대한 부모 같으신 하나님의 모습	영원히 정의와 공의로 나라를 보존	공평과 정의를 바탕으로 나라를 굳게 세워 나갈 것임
4. 평화의 왕(prince of peace)	평화는 하나님의 하시는 일의 절정이자 최종적인 목적	만군의 여호와의 열심이 이를 이루리라	놀라운 통치를 펼쳐 나갈 것을 '하나님의 열심'이 보장함

3 국가적인 재난에 대한 백성들의 반응은 무엇이며, 이스라엘의 리더십에서 머리와 꼬리에 해당하는 자들은 누구인가?(9:10, 15)

반응: 스스로 문제를 해결하려고 한다.

머리: 장로, 정치적, 사회적 지도자들.

꼬리: 거짓 선지자.

이스라엘은 재앙을 경험하면서도 그들에게 벌을 내리신 하나님께 돌아오는 것이 아니라, 오히려 스스로 문제를 해결하려고 한다. 벽돌집이 무너지면 돌로 집을 쌓고, 뽕나무들이 찍히면 백향목으로 대신하면 된다는 자세를 취한다. 하나님의 말씀이 자급자족하겠다는 인간의 교만에 의하여 거부당하신 것이다. 문제는 그들이 경험하고 있는 어려움이 하나님께로부터 오는 것임을 알면서도 의도적으로 재앙의 근원이신 하나님의 권위를 거부하는 데 있다(9절). 하나님의 경고에도 이스라엘이 회개하지 않자 하나님이 이스라엘의 리더십을 파괴하신다(14–16절). 하나님은 먼저 이스라엘의 머리를 치신다. 이스라엘의 머리는 장로 등을 포함한 정치적, 사회적 지도자들을 의미한다. 하나님은 이스라엘의 꼬리도 치신다. 꼬리는 거짓 선지자들을 의미한다. 환난이 눈앞에 닥쳐 있는데도 모든 것이 평안하고 하나님의 축복 속에서 이루어지고 있다며 사람들을 속이는 자들이다.

4 지도력이 파괴되니 사회적 혼돈이 일어난다. 어떤 혼돈이 야기되는가?(18–21)

a) 욕심을 채우는 일에 급급한 사람이 많아진다.

b) 형제애가 파괴된다.

c) 아무리 가져도 만족할 줄 모르는 욕심과 야심으로 가득하다.

d) 사회를 하나로 묶는 기준이 모두 파괴된다.

지도력이 파괴되니 사회는 전반적으로 자신의 욕심을 채우는 일에 급급한 사람이 많아지며(18절), 결국 혼돈과 위기가 찾아온다. 형제애가 파괴되고(19절), 아무리 가져도 만족할 줄 모르는 욕심과 야심으로 가득하다(20절). 결국 사회를 하나로 묶는 기준이 모두 파괴된다(21절). 선지자는 사람들이 서로를 잡아먹는 이미지를 사용하고 있다. 사람과 사람이, 지파와 지파가 서로 대적하는 모습이다. 죄의 가장 기본적인 모습은 관계를 파괴하는 것이다.

5 심판이 아직 끝나지 않았음을 의미하는 말씀은 무엇인가(9:12, 17, 21)

하나님의 펴져 있는 손.

하나님의 심판은 끝나지 않았다. 아직도 심판을 계속하시려고 여전히 손을 들고 계시기 때문이다(12, 17, 21절). 하나님의 '펴져 있는 손'은 하나님이 어떤 일을 할 준비가 되어 있으심을 상징한다(출 15:12; 신 4:34; 5:15; 7:19). 본문에서는 하나님이 이미 이스라엘을 치셨음에도 불구하고 아직도 그들을 더 혹독하게 심판할 준비가 되셨음을 의미한다.

Ⅵ. 적용과 나눔

삶의 내비게이션(적용)

1 당신이 경험한 가장 큰 기쁨 두 가지는 무엇이었는가?

관찰문제 1번 참고. 어둠 속에 큰 빛이 임하면 사람들은 환호한다. 선지자가 은유를 사용하여 묘사하는 기쁨은 수확의 기쁨과 전리품을 나누는 기쁨이다. 일년 내내 수고와 땀의 결실로 풍성한 수확을 거둘 때의 기쁨은 이루 말할 수 없을 것이다. 또한 목숨을 내걸고 싸운 전쟁터에서 승리와 함께 얻는 전리품을 나누는 기쁨은 더할 나위 없는 기쁨일 것이다. 각자가 경험한 큰 기쁨 두 가지를 말해 보도록 한다. 하나님을 만난 기쁨, 배우자를 만난 기쁨, 자녀를 얻은 기쁨, 수확의 기쁨, 성취의 기쁨, 합격의 기쁨, 취업의 기쁨 등 다양한 기쁨에 대해 서로 이야기를 나누어 보도록 한다.

2 이스라엘은 어려움을 겪으면서도 하나님을 찾지 않았다. 지금 당신이 겪고 있는 가장 큰 혼돈은 무엇인가?

관찰문제 4번 참고. 재앙을 경험하는 이스라엘은 하나님께 돌아오는 것이 아니라 오히려 스스로 문제를 해결하려고 한다. 벽돌집이 무너지면 돌로 집을 쌓고, 뽕나무들이 찍히면 백향목으로 대신한다는 것은 오늘날의 말로 하면 쌀 떨어지면 라면 사먹으면 되고, 피자 시켜 먹으면 되지 하는 식이다. 각자가 겪고 있는 가장 큰 혼돈에 대해 이야기를 나누어 보자. 그리고 정체성의 혼돈, 경제적인 혼돈, 관계의 혼돈 등 다양한 혼돈에 대해 말해 보도록 한다.

3 메시아의 아이는 네 가지(기묘한 모사, 전능하신 하나님, 영존하시는 아버지, 평화의 왕) 이름을 갖고 있다. 당신에게 가장 가깝게 다가오는 하나님의 이름 혹은 필요한 하나님의 이름은 무엇인가?

관찰문제 2번 참고. 기묘한 모사는 놀라운 상담가로 연약함에 강함이 있고, 항복할 때 승리가 주어지고, 죽음 안에 생명이 있는 지혜를 지녔다. 전능하신 하나님은 군사적인 능력이 그 누구도 모방하지 못할 정도로 대단한 것을 의미한다. 영존하시는 아버지는 아이가 아버지라 불리는 것은 하나님의 정의와 공의를 그대로 준행할 것을 의미하는 것으로 보인다. 하나님을 아버지라고 부르는 것은 연약한 자에 대한 하나님의 염려를 표현할 때(시 68:5), 하나님이 자기 백성을 치리하시거나 훈계하실 때(시 103:13; 잠 3:12; 사 63:16; 64:8), 백성들이 하나님을 대할 때(렘 3:4, 9; 말 1:6)다. 평화의 왕은 평화는 하나님이 하시는 일의 절정이자 최종적인 목적이기 때문에 이 이름을 사용한다. 각자에게 가장 가깝게 다가오는 하나님의 이름에 대해 나누어 보자. 그리고 필요한 하나님의 이름은 무엇인지도 서로 말하도록 한다.

Ⅶ. 마무리

기도로 마무리한다.
제11주 관찰문제를 예습해 오도록 한다.
실천과제를 제시한다.

생활의 아로마(실천)

예 1) 지금 겪는 혼돈이 나로 인해서 생긴 것인지 돌아보고 고치도록 한다.
- 사회적 혼란에 일조하고 있지 않은지 돌아본다.

2) 현재 내게 가장 필요한 하나님의 성호 네가지 중 하나를 집중적으로 묵상하도록 한다.

제11주 문제는 교만!

이사야 10:1-23

학습목표

아시리아를 통해서 교만은 멸망으로 가는 지름길이라는 사실을 알 수 있다.

KEYWORD **리더십, 교만, 도구**

Ⅰ. 찬양과 기도

Ⅱ. 지난주 실천과제 나눔

Ⅲ. 복습문제 풀이

 **복습**

1 메시아 아이가 갖게 되는 네 가지 이름은 무엇인가?(9:6)

a) 기묘한 모사 b) 전능하신 하나님

c) 영존하시는 아버지 d) 평화의 왕

Ⅳ. 말씀 이사야 10:1-23을 다 함께 읽는다

10:1 불의한 법령을 만들며 불의한 말을 기록하며

2 가난한 자를 불공평하게 판결하여 가난한 내 백성의 권리를 박탈하며

과부에게 토색하고 고아의 것을 약탈하는 자는
화 있을진저
3 벌하시는 날과 멀리서 오는 환난 때에 너희가 어떻게 하려느냐
누구에게로 도망하여 도움을 구하겠으며 너희의 영화를 어느 곳에 두려느냐
4 포로된 자 아래에 구푸리며 죽임을 당한 자 아래에 엎드러질 따름이니라
그럴지라도 여호와의 진노가 돌아서지 아니하며 그의 손이 여전히 펴져 있으리라
5 앗수르 사람은 화 있을진저
그는 내 진노의 막대기요 그 손의 몽둥이는 내 분노라
6 내가 그를 보내어 경건하지 아니한 나라를 치게 하며
내가 그에게 명령하여 나를 노하게 한 백성을 쳐서 탈취하며 노략하게 하며
또 그들을 길거리의 진흙같이 짓밟게 하려 하거니와
7 그의 뜻은 이같지 아니하며 그의 마음의 생각도 이같지 아니하고
다만 그의 마음은 허다한 나라를 파괴하며 멸절하려 하는도다
8 그가 이르기를 내 고관들은 다 왕들이 아니냐
9 갈로는 갈그미스와 같지 아니하며
하맛은 아르밧과 같지 아니하며 사마리아는 다메섹과 같지 아니하냐
10 내 손이 이미 우상을 섬기는 나라들에 미쳤나니
그들이 조각한 신상들이 예루살렘과 사마리아의 신상들보다 뛰어났느니라
11 내가 사마리아와 그의 우상들에게 행함같이
예루살렘과 그의 우상들에게 행하지 못하겠느냐 하는도다
12 그러므로 주께서 주의 일을 시온 산과 예루살렘에 다 행하신 후에 앗수르 왕의 완
악한 마음의 열매와 높은 눈의 자랑을 벌하시리라 13 그의 말에
나는 내 손의 힘과 내 지혜로 이 일을 행하였나니 나는 총명한 자라
열국의 경계선을 걷어치웠고 그들의 재물을 약탈하였으며
또 용감한 자처럼 위에 거주한 자들을 낮추었으며
14 내 손으로 열국의 재물을 얻은 것은 새의 보금자리를 얻음 같고
온 세계를 얻은 것은 내버린 알을 주움 같았으나 날개를 치거나 입을 벌리거나
지저귀는 것이 하나도 없었다 하는도다
15 도끼가 어찌 찍는 자에게 스스로 자랑하겠으며
톱이 어찌 켜는 자에게 스스로 큰 체하겠느냐

이는 막대기가 자기를 드는 자를 움직이려 하며
몽둥이가 나무 아닌 사람을 들려 함과 같음이로다
16 그러므로 주 만군의 여호와께서 살진 자를 파리하게 하시며
그의 영화 아래에 불이 붙는 것같이 맹렬히 타게 하실 것이라
17 이스라엘의 빛은 불이 되고 그의 거룩하신 이는 불꽃이 되실 것이니라
하루 사이에 그의 가시와 찔레가 소멸되며
18 그의 숲과 기름진 밭의 영광이 전부 소멸되리니
병자가 점점 쇠약하여 감 같을 것이라
19 그의 숲에 남은 나무의 수가 희소하여 아이라도 능히 계수할 수 있으리라
20 그날에 이스라엘의 남은 자와 야곱 족속의 피난한 자들이
다시는 자기를 친 자를 의지하지 아니하고
이스라엘의 거룩하신 이 여호와를 진실하게 의지하리니
21 남은 자 곧 야곱의 남은 자가 능하신 하나님께로 돌아올 것이라
22 이스라엘이여
네 백성이 바다의 모래 같을지라도 남은 자만 돌아오리니
넘치는 공의로 파멸이 작정되었음이라
23 이미 작정된 파멸을 주 만군의 여호와께서 온 세계 중에 끝까지 행하시리라

V. 관찰문제의 바른 답

말씀 돋보기(관찰)

1 불의한 법을 만들어 백성을 괴롭히는 이스라엘 지도자들에게 어떤 심판이 임하는가?(10:4)

포로들 밑에 깔리거나 시체 더미에 엎드러져 죽을 것이다.

지도자들은 불의한 법을 공포한다(1절). 어느 사회든지 불의가 정의를 가릴 때 그 사회의 종말은 예고된 것이라고 볼 수 있다. 의로우신 창조주가 이 같은 상황을 오래 묵인하지 않으실 것이기 때문이다. 하나님의 심판

이 임하는 날 그들의 만행이 온 천하에 드러나면 이스라엘의 지도자들은 하나님께 피하는 것이 아니라 도망해야 한다. 그들이 평소에 저지른 죄가 그들을 고발할 것이기 때문이다. 선지자는 이 심판이 전쟁 형태를 취할 것임을 암시한다. '포로들 밑에 깔려 밟혀 죽거나, 시체 더미 밑에 깔려 질식할 것이다'(4절, 새번역). 전쟁이 임하면 얼마나 많은 사람이 죽을 것인지를 경고하고 있다.

〈리더들의 도덕적 타락〉

	리더들의 도덕적 타락	의미
1절	불의한 법령 제정	정의를 배척하는 법을 공포함에서 나아가 일부러 백성들을 괴롭히는 법 제정→백성들을 섬기는 법령이 아닌 혹사시키는 법령.
2절	뇌물 수수	인간의 존엄성 파괴→노골적 약자 착취(과부와 고아).
3절	미래 무방비	심판하시는 하나님을 인정했으면 미래를 이렇게 예비하지 않음.
4절	심판의 현상	전쟁을 야기한 평소의 죄들로 인한 죽음의 심판.

2 하나님께서 아시리아를 어떻게 사용하시는가?(10:5-6)

진노의 막대기

하나님은 아시리아를 두고 '나의 진노의 막대기'라고 하신다(5절). '진노'는 코를 가리키는 단어로 하나님의 감정을 잘 표현하고 있다. 지금 하나님이 느끼는 분노는 하나님의 숨소리가 가빠지며 코에서 뜨거운 김이 나올 정도다. 비록 아시리아가 주님의 백성을 심판하는 도구로 사용되는 것은 분명하지만, 이 사실이 그들의 잔인성을 정당화해 주는 것은 아니다. 하나님이 자기 백성을 심판하실 때 기쁘고 즐거운 마음으로 행하신다고 생각하면 오산이다. 그의 백성들이 징계를 당할 때마다 그의 눈에는 눈물이 고여 있다는 것이 선지자들의 일반적인 가르침이다. 하나님께서 사용하신다고 다 거룩한 도구는 아니다. 일부 이단도 이러한 경우에 속한다. 그러므로 경계를 늦추어서는 안 된다.

3 아시리아의 교만을 나타내는 표현은 무엇인가?(10:9, 13)

a) 9절: 싸울 만한 적이 없다.

b) 13절: 견줄 수 없는 힘과 지혜와 총명함.

아시리아는 겸손히 여호와의 도구로 쓰임받는 것이 아니라 교만을 떨며 자신의 위치를 망각하고 있다. 아시리아의 장군들은 자신들을 다른 나라 왕과 비교하여 "싸울만한 적이 없다"(9절)고 말한다. 자신들은 세상의 그 어느 왕보다도 막강하다고 자부하는 것이다. 아시리아의 교만에 대한 선지자의 비난은 자신의 능력을 과시하고 있는 아시리아의 모습 그대로 묘사된다. '나의 힘, 지혜와 총명함의 결과다'(13a절). 하나님이 이스라엘을 벌하시기 위하여 아시리아를 사용하심으로써 빚어진 결과를 놓고 이렇게 교만하게 망언을 늘어놓고 있다. 아시리아는 세 가지 성과에 대하여 자랑한다(13b절). (1) 열국의 경계를 옮겼다. (2) 재물을 약탈했다. (3) 왕들을 끌어내렸다.

4 하나님은 아시리아의 교만을 어떻게 묘사하시는가?(10:15)

a) 막대기 b) 몽둥이

선지자는 한마디로 아시리아의 생각이 가소롭다고 말한다. 그는 두 가지의 예를 들고 있다(15절). 아시리아가 하나님 앞에서 거만한 것은 마치 막대기가 자기를 드는 자를 움직이려 하는 것과 같고, 몽둥이가 나무 아닌 사람을 들려 함과 같은 어리석은 행동인 것이다

5 이스라엘은 아시리아를 통하여 심판을 받지만 남은 자들이 있다. 어떤 자들인가?(10:20-21)

a) 20절: 진실로 하나님을 의뢰하는 자들.

b) 21절: 하나님께 돌아오는 자들.

그들은 '진실로 하나님을 의뢰하는 자들이다'(20절). 믿음이 있는 자들인 것이다. 그들은 또한 '하나님께로 돌아올 자들이다'(21절). 회개하는 사람들인 것이다. 선지자는 '남은 자는 돌아올 것'이라고 하는데(21절), 이 말씀은 이사야의 아들 '스알야숩'의 이름을 그대로 풀이한 것이다(참조. 7:4). 그러나 이스라엘의 자손이 '바다의 모래와 같이 많아도'(22절: 참조. 창 22:17) 돌아올 사람의 숫자는 한정되어 있다.

Ⅵ. 적용과 나눔

삶의 내비게이션(적용)

1 이스라엘의 지도자들은 불의한 법령으로 백성을 괴롭힌다. 당신이 경험했거나 느끼기에 부당한 법(규칙, 규율)은 무엇이 있는가?

관찰문제 1번 참고. 이스라엘 지도자들은 불의한 법령을 만들어서 백성들을 괴롭히고 착취했다. 우리의 주변에도 부당하게 느끼는 법이 있을 것이다. 각자가 알고 있고, 경험한 부당한 법에 대해 이야기를 나누어 보도록 한다. 학생들은 교복과 두발 제한과 같은 교칙이 부당하다고 생각할 수 있다. 직장인들은 시말서 세 번이면 퇴사라는 사칙이 부당하다고 느낄 수 있다. 또한 격한 감정 노동도 사측의 부당한 요구다. 그 외 각자가 느끼는 부당한 법에 대해 이야기를 나누어 보도록 한다.

2 아시리아는 하나님의 도구로 사용되지만 교만으로 주님의 계획을 초월해서 만행을 저지른다. 당신이 조심해야 하는 교만의 영역은 무엇인가?

관찰문제 3번 참고. 아시리아는 교만으로 멸망에 이른다. 우리도 가장 자신 있는 부분이 덫이 될 수 있고, 장점이 오히려 약점이 될 수도 있다. 각자가 조심해야 하는 교만의 영역에 대해 이야기를 나누어 보도록 한다. 외모, 학벌, 집안, 경제력, 능력 등 자신 있다고 생각되는 부분에 대해 이야기를 나누고, 그것이 지나쳐서 교만이 될 수 있는 부분에 대해서도 말해 보도록 한다.

3 하나님은 모든 도구와 상황을 사용하실 수 있다. 당신은 하나님의 어떤 도구로 쓰임받기 원하는가?

관찰문제 2번 참고. 하나님은 악인도 의인도 사용하신다. 하나님은 좋은 상황도 나쁜 상황도 사용하신다. 각자가 하나님의 어떤 도구로 쓰임받기를 원하는가에 대해 이야기를 나누어 보도록 한다. 아시리아나, 바로, 가룟 유다와 같이 악인으로 쓰임받기를 원하는 사람은 없을 것이다. 그러나 누군가는 그 역할을 감당할 것이다. 좋은 도구로 사용되는 것은 주의 사역을 감당하는 목회자, 선교사, 교회에서의 봉사자, 가정에 더 충실한 하나님의 도구로 사용되기를 원할 수도 있다. 경제적으로 하나님의 도구로 쓰임 받기를 원할 수도 있다. 각자의 이야기를 나누어 보도록 한다.

Ⅶ. 마무리

기도로 마무리한다.
제12주 관찰문제를 예습해 오도록 한다.
실천과제를 제시한다.

생활의 아로마(실천)

예 1) 한 주간 교만의 영역을 찾고 스스로 절제하도록 한다.
2) 한 주간 하나님께 어떤 도구로 사용되어야 하는지 점검해 보도록 한다.

제12주 그날이 오면!

이사야 11:1-12:6

학습목표

하나님의 구원 사역에 찬송으로 감사할 수 있다.

KEYWORD **메시아, 그날, 회복**

Ⅰ. 찬양과 기도

Ⅱ. 지난주 실천과제 나눔

Ⅲ. 복습문제 풀이

복습

1 하나님은 아시리아의 교만을 어떻게 묘사하시는가?(10:15)

a) 막대기 b) 몽둥이

Ⅳ. 말씀 이사야 11:1-12:6을 다 함께 읽는다

11:1 이새의 줄기에서 한 싹이 나며
그 뿌리에서 한 가지가 나서 결실할 것이요
2 그의 위에 여호와의 영

곧 지혜와 총명의 영이요
모략과 재능의 영이요
지식과 여호와를 경외하는 영이 강림하시리니
3 그가 여호와를 경외함으로 즐거움을 삼을 것이며
그의 눈에 보이는 대로 심판하지 아니하며 그의 귀에 들리는 대로 판단하지 아니하며
4 공의로 가난한 자를 심판하며 정직으로 세상의 겸손한 자를 판단할 것이며
그의 입의 막대기로 세상을 치며 그의 입술의 기운으로 악인을 죽일 것이며
5 공의로 그의 허리띠를 삼으며 성실로 그의 몸의 띠를 삼으리라
6 그때에 이리가 어린 양과 함께 살며 표범이 어린 염소와 함께 누우며
송아지와 어린 사자와 살진 짐승이 함께 있어 어린 아이에게 끌리며
7 암소와 곰이 함께 먹으며 그것들의 새끼가 함께 엎드리며
사자가 소처럼 풀을 먹을 것이며
8 젖 먹는 아이가 독사의 구멍에서 장난하며
젖 뗀 어린 아이가 독사의 굴에 손을 넣을 것이라
9 내 거룩한 산 모든 곳에서 해 됨도 없고 상함도 없을 것이니
이는 물이 바다를 덮음같이 여호와를 아는 지식이 세상에 충만할 것임이니라
10 그날에 이새의 뿌리에서 한 싹이 나서 만민의 기치로 설 것이요 열방이 그에게로
돌아오리니 그가 거한 곳이 영화로우리라 11 그날에 주께서 다시 그의 손을 펴사 그의
남은 백성을 앗수르와 애굽과 바드로스와 구스와 엘람과 시날과 하맛과 바다 섬들에
서 돌아오게 하실 것이라
12 여호와께서 열방을 향하여 기치를 세우시고
이스라엘의 쫓긴 자들을 모으시며 땅 사방에서 유다의 흩어진 자들을 모으시리니
13 에브라임의 질투는 없어지고 유다를 괴롭게 하던 자들은 끊어지며
에브라임은 유다를 질투하지 아니하며 유다는 에브라임을 괴롭게 하지 아니할 것이요
14 그들이 서쪽으로 블레셋 사람들의 어깨에 날아 앉고
함께 동방 백성을 노략하며 에돔과 모압에 손을 대며 암몬 자손을 자기에게 복종시키리라
15 여호와께서 애굽 해만을 말리시고 그의 손을 유브라데 하수 위에 흔들어
뜨거운 바람을 일으켜 그 하수를 쳐 일곱 갈래로 나누어 신을 신고 건너가게 하실 것이라

[16] 그의 남아 있는 백성 곧 앗수르에서 남은 자들을 위하여
큰길이 있게 하시되 이스라엘이 애굽 땅에서 나오던 날과 같게 하시리라
[12:1] 그 날에 네가 말하기를 여호와여 주께서 전에는 내게 노하셨사오나
이제는 주의 진노가 돌아섰고
또 주께서 나를 안위하시오니 내가 주께 감사하겠나이다 할 것이니라
[2] 보라 하나님은 나의 구원이시라 내가 신뢰하고 두려움이 없으리니
주 여호와는 나의 힘이시며 나의 노래시며 나의 구원이심이라
[3] 그러므로 너희가 기쁨으로
구원의 우물들에서 물을 길으리로다
[4] 그날에 너희가 또 말하기를
여호와께 감사하라
그의 이름을 부르며
그의 행하심을 만국 중에 선포하며
그의 이름이 높다 하라
[5] 여호와를 찬송할 것은 극히 아름다운 일을 하셨음이니
이를 온 땅에 알게 할지어다
[6] 시온의 주민아 소리 높여 부르라
이스라엘의 거룩하신 이가 너희 중에서 크심이니라 할 것이니라

V. 관찰문제의 바른 답

말씀 돋보기(관찰)

1 이새의 줄기에서 한 싹이 나면 하나님의 능력이 7가지 영으로 나타난다. 무엇인가?(11:2)

a) 여호와의 영　　b) 지혜의 영
c) 총명의 영　　d) 모략의 영
e) 재능의 영　　f) 지식의 영
g) 여호와를 경외하는 영

선지자에 의하면 앞으로 오실 메시아는 이새의 '싹'이자(1절) 이새의 '뿌리'이다(10절). 이 메시아에게 하나님의 능력이 임했는데 이 사실을 일곱 가지로 설명한다. 첫째, '여호와의 영'이 그에게 임하신다. 이 영은 하나님의 인격을 상징하는 성령을 의미한다. 둘째와 셋째는 '지혜와 총명의 영'이다. 이 영들은 행정과 재판을 하는 일과 연관이 있다(신 1:13; 왕상 3:9, 12). 지혜는 대체로 일반적인 통찰력이고 총명은 더 구체적으로 어떤 문제나 이슈를 볼 수 있는 능력을 말한다. 넷째와 다섯째의 영은 '모략과 재능의 영'이다. 이는 군사 용어다. 합당한 계획을 구상하고 그것을 성사시킬 수 있는 추진력을 말한다. 하나님이 메시아에게 주시는 여섯 번째와 일곱 번째의 영은 '지식과 여호와를 경외하는 영'이다. 하나님을 경외하는 것은 이상적인 왕이 지녀야 할 믿음이다(참조. 신 17:18-19). 구약에서 하나님을 아는 지식은 창조주와 피조물 사이에 형성되는 올바른 관계의 가장 기본적인 요소다. 피조물들은 하나님을 알아야 그분과 바른 관계를 유지할 수 있다(참조. 호 2:20; 4:1).

2 이새의 뿌리에서 자란 싹이 통치하는 세상은 어떤 모습인가?(11:6-9)

a) 원수 관계가 회복된다.

b) 창조된 세계에 본질적인 변화가 온다.

c) 저주가 없어진다.

d) 새 에덴은 시온 산에 있다.

말씀	변화	의미
6절	원수 관계가 회복	잡아먹는 것들(이리, 표범, 사자)과 잡혀 먹히는 것들(양, 염소, 송아지, 살진 짐승)이 같이 뛰논다.
7절	창조된 세계의 본질적인 변화	곰이나 사자와 같은 맹수들이 풀을 먹으면서도 불만이나 불편함을 드러내지 않는다.
8절	저주가 없어짐	창 3:15 이후 지속된 뱀과 여인의 후손 사이에 존재하는 저주와 원수 관계가 없어진다.
9절	새 에덴은 시온 산	시온 산이 새 에덴의 모습으로 등장한다.

3 회복된 이스라엘과 유다에게 제2의 출애굽 사건으로 제시되는 것은 무엇인가?(11:15-16)

세계 곳곳에서 억압받던 주의 백성이 돌아올 것이다.

이미 과거에 있었던 출애굽 사건이 앞으로 있을 제2의 출애굽 사건의 모델로 제시된다. '애굽 해만'(15절)은 홍해를 뜻하는 것으로 해석된다. 본문에서 이집트(예: 남쪽)뿐만 아니라 유프라테스 강(예: 북쪽)이 언급되는 것은 새 출애굽 사건은 범세계적인 성향을 가질 것임을 암시한다. 과거에는 이스라엘이 이집트의 억압으로부터 탈출해 나왔지만, 새로운 출애굽이 시작되면 세상 곳곳에서 주의 백성이 몰려올 것이다. 세계 곳곳에서 억눌려 살던 사람들이 주님께 돌아온다.

4 그날에 하나님의 구원을 누리는 사람은 누구인가?(12:2)

하나님을 의뢰하는 사람들

이날은 하나님이 사람과 화해하는 날이다. '그날이 오면' 그렇게 무시무시하던 심판이 멈추고 구원이 임하는 날이 온다. 그날에는 하나님의 진노가 멈출 뿐 아니라, 주님의 위로가 주의 백성을 껴안는다. 하나님과 인간 사이의 화해는 우리가 하나님께 가까이 가고자 원해서 이루어지는 것이 아니라, 하나님이 우리에게 가까이 오실 때 이루어진다. 즉 하나님은 심판을 멈추시는 동시에 은혜를 베푸신다. 선지자는 2절에서 하나님을 의뢰하는 사람들의 성품을 나열한다. (1) 그들에게는 더 이상 두려움이 없다. (2) 그들은 하나님이 자기의 힘이라고 고백한다. (3) 그들은 하나님을 노래한다.

5 하나님의 구원을 경험한 사람들은 어떻게 반응하는가?(12:4-6)

하나님을 찬양한다.

구원을 경험한 사람들은 하나님을 찬양한다(6절). 그들의 입술에 있는 노래는 의무감에서 나온 것이 아니다. 하나님이 '극히 아름다운 일'(5절)을

하신 것에 대한 합당한 반응일 뿐이다. 즉 찬송도 우리가 스스로 하는 것이 아니라 하나님의 역사에 대한 자연스런 반응인 것이다. 기도도 성령님의 도우심 없이는 하지 못한다. 찬송과 기도를 포함한 우리 신앙생활의 모든 것이 하나님의 은혜다.

Ⅵ. 적용과 나눔

삶의 내비게이션(적용)

1 당신은 어렸을 때 어른이 되면 어떤 세상에 살고 싶었는가?

관찰문제 2번 참고. 새 에덴으로 회복되는 것은 원수 관계가 없어지고, 저주도 없어진다. 창조된 세계에 본질적인 변화가 온다. 각자가 어렸을 때 꿈꾸고 상상했던 어른들의 세상은 어떤 세상이었는지 이야기를 나누어 보도록 한다. 학생들은 시험이 없는 세상에 살고 싶다고 할 수 있다. 잔소리가 없는 세상에 살고 싶다고 말하는 사람도 있을 수 있다. 술과 담배, 오락을 마음껏 할 수 있는 세상을 원할 수도 있다. 여행(탐험가, 우주인)을 마음껏 떠나고 싶다고 할 수도 있다. 각자가 어른이 되면 어떤 세상에 살고 싶었는지 이야기를 나누어 보도록 한다. 동심으로 돌아가 되고 싶었던 어른의 모습에 대해서도 말해보도록 한다. 예) 대통령

2 주의 백성은 하나님의 구원 사역에 대해 개인적인 차원, 공동체적인 차원의 감사 찬송을 한다. 당신이 하나님께 드리는 개인적인, 공동체적인 감사 찬송은 무엇인가?

관찰문제 5번 참고. 선지자는 하나님의 구원을 경험한 사람들이 어떻게 반응해야 하는가에 대해 알려준다. 먼저 구원받은 것을 감사하라고 권면한다. 그의 이름을 부르라, 그의 행하심을 만국 중에 선포하라, 그 이름이 높다 하라고 권면한다. 우리가 해야 할 일은 하나님이 하신 일만 전할 것이 아니라 그가 어떤 분이신지 알리는 것이다. 구약에서는 이름이 그 사람의 모든 것을 나타내는 것으로 이해된다. 그러므로 하나님의 이름을 알리는 것은 그분에 대하여 알고 있는

것들을 전달한다는 뜻이다. 이것이 교회의 사명이자 구원을 경험한 성도들의 사명이다. 하나님이 어떤 분이신지 알려야 한다. 그렇게 하기 위해서는 우리가 먼저 하나님에 대해 배워야 한다. 각자가 하나님께 드리는 개인적인 감사찬송은 무엇인지 이야기를 나누어 보도록 한다. 다음으로 공동체적인 감사찬송을 말하도록 한다. 공동체적인 감사찬송은 가족공동체, 교회공동체, 학교공동체, 직장공동체, 성경공부공동체 등 다양한 공동체의 감사찬송을 들 수 있을 것이다.

3 예수님이 다시 오실 때 당신은 주님이 어떤 메시아로 오시기를 바라는가?

관찰문제 1, 2번 참고. 메시아의 능력을 일곱 가지로 이야기하고 있다. 여호와의 영, 지혜와 총명의 영, 모략과 재능의 영, 지식과 여호와를 경외하는 영 이렇게 일곱 가지이다. 그중 당신은 예수님이 다시 오실 때 어떤 메시아로 오시기를 원하는지 이야기를 나누어 보도록 한다. 그 외에도 위로와 격려의 메시아, 심판의 메시아, 갑부이신 메시아 등 다양할 수 있다. 우리가 어떤 메시아를 갈망하든 모두 괜찮다. 우리는 천국에 가고, 그곳은 부족함이 없고, 아픔도 없는 곳이기 때문이다.

Ⅶ. 마무리

기도로 마무리한다.
다음 과정을 성경공부에 초대한다.
실천과제를 제시한다.

생활의 아로마(실천)

예 1) 한 주간 개인적인 예배와 묵상을 감사와 찬송으로 채우도록 한다.
2) 예수님의 재림을 상상하면서 기뻐하고 감사하는 한 주가 되도록 한다.

비밀 유지 서약서

나는 이 그룹에서 나눈 것들을 다른 곳에 누설하지 않기로 약속합니다. 또한 다른 그룹원들이 숨기고자 하는 내용을 나누도록 압력을 가하지 않기를 약속합니다. 하나님과 그룹원들에게 나의 약속을 성실히 이행할 것을 서약합니다.

서명____

날짜____

이사야(Ⅰ) 말씀 공부를 통한 삶의 변화 일지

주	나의 말씀 적용(생활의 아로마)	실천과정과 결과
1주		
2주		
3주		
4주		
5주		
6주		

주	나의 말씀 적용(생활의 아로마)	실천과정과 결과
7주		
8주		
9주		
10주		
11주		
12주		

이사야(I) 엑스포지멘터리 성경공부 출석

	1	2	3	4	5
이름 / 주					
OT (월 일)					
1주 (월 일)					
2주 (월 일)					
3주 (월 일)					
4주 (월 일)					
5주 (월 일)					
6주 (월 일)					
7주 (월 일)					
8주 (월 일)					
9주 (월 일)					
10주 (월 일)					
11주 (월 일)					
12주 (월 일)					
합계					
연락처					
메모 (가족/기도)					

6	7	8	9	10	11	12

송병현 〈엑스포지멘터리 시리즈〉의 저자. 캐나다 틴대일 대학교(B. Th.)와 미국 시카고 트리니티 복음주의신학교를 졸업하고(M. Div.) 동 대학원에서 박사학위(Ph. D.)를 받았다. 1997년부터 백석대학교 구약학 교수로 봉직 중이며 2009년부터는 선교지의 지도자 교육을 위해 강사진을 파송하는 STAR 선교회를 이끌고 있다. 목회자와 신학생뿐 아니라 하나님의 말씀에 진지하게 귀기울이기 원하는 이 땅의 그리스도인들을 섬기기 위해 활발한 성경강해와 해석 사역을 펼치고 있다.

송(임)우민 캐나다 틴대일 대학교(B. Th.)와 미국 시카고 트리니티 복음주의신학교를 졸업(M. Div.), LA에 있는 탈봇신학교에서 기독교교육학으로 박사학위(Ph. D.)를 받았다. 20여 년간 북미와 한국에서 영어 주일학교 전도사로 교회학교 현장에서 사역하였으며, CMIS 캐나다국제학교 이사, Korea Montessori College 교수, 몬테쏘리 교사 및 컨설턴트 등 다양한 교육학적 경력을 통해 학부모 세미나, 부부 세미나, 교사 세미나와 주요 강사로서 가정과 주일학교를 말씀으로 세우기를 갈망하는 부모와 교사들을 섬기고 있다. 현재 백석예술대학교 사회복지학부 전임 교수로 봉직 중이며, 남편 송병현 교수와 함께 STAR 선교회 이사로 섬기고 있다.

엑스포지멘터리 성경공부 시리즈 이사야(I) – 인도자용

초판 1쇄 발행 2018년 5월 31일
2쇄 발행 2018년 11월 10일

지은이 송병현, 임우민
구성 신윤영

펴낸곳 도서출판 이엠
등록번호 제25100-2015-000063
주소 서울시 구로구 공원로 3번지
전화 070-8832-4671
E-mail empublisher@gmail.com

내용 및 세미나 문의 스타선교회: 02-520-0877 / EMail: starofkorea@gmail.com / www.star123.kr

ISBN 979-11-86880-54-8 93230

※ 가격은 표지 뒷면에 있습니다.

「이 도서의 국립중앙도서관 출판시도서목록(CIP)은 서지정보유통지원시스템 홈페이지(http://seoji.nl.go.kr)와 국가자료공동목록시스템(http://www.nl.go.kr/kolisnet)에서 이용하실 수 있습니다. (CIP제어번호:CIP2015000753)」